Este libro está dedicado a los fantásticos líderes juveniles que permiten que «Especialidades Juveniles» los sirva cada año. Me siento honrado de estar a su lado, soñar con ustedes, llorar con ustedes, reír con ustedes, quejarme con ustedes, proyectar con ustedes, tener esperanza con ustedes y avanzar con ustedes.

«Mark Oestreicher ha hecho lo que pocos líderes de su nivel se permiten hacer: Cambiar. Este manifiesto representa un largo e inquietante proceso en el interior del presidente de Especialidades Juveniles. Él se ha esforzado por escuchar, ha pensado cuidadosamente y se ha permitido ser impulsado por nuevos pensamientos, ideas, perspectivas y convicciones. En *Ministerio Juvenil 3.0,* Marko nos deja ver hacia dónde lo ha llevado este proceso. Así como la naturaleza de la adolescencia ha cambiado, y como el estudio cuidadoso ha sido ensombrecido por la experiencia populista, este libro nos hace reducir la velocidad lo suficiente como para ayudarnos a recordar que el ministerio con adolescentes le pertenece a Jesús y no a nosotros. Bien hecho y muchas gracias».

–**Chap Clark**, Ph. D., vicedecano de la School of Theology
y de los Regional Campuses Master's Programs,
Profesor de Juventud, Familia y Cultura,
Fuller Theological Seminary.

«Mi primer contacto con *Ministerio Juvenil 3.0* fue cuando Marko me leyó un párrafo para resaltar un punto que quería destacar en un animado diálogo. De inmediato estuve seguro de que este libro aportaría algo único y provocativo a las conversaciones contemporáneas sobre el ministerio juvenil. Marko es un escritor dotado con un ojo agudo para los detalles, un pasaporte con muchos sellos que testifica de una perspectiva mundial, y una red de corredores de bolsa del pensamiento futurista. No puedo imaginarme el considerar seriamente la dirección y la práctica del ministerio juvenil sin que este libro esté involucrado en ello».

–**Dave Rahn**, Ph. D., director general de ministerio,
Juventud para Cristo, Estados Unidos.

«Terminé de leer este libro en una sentada. No pude parar. Mis palmas estaban sudorosas. Mis ojos se llenaron de lágrimas en distintos puntos. Mi corazón se aceleró. Tuve una profunda sensación de aprobación del Espíritu Santo. *Ministerio Juvenil 3.0* es una voz profética para la iglesia. En él hay conversaciones que estamos teniendo casi a diario. Nos da algo escrito de lo que hemos estado hablando. Nos da lenguaje para ciertas cosas que no teníamos idea de cómo expresar. Y, en mi opinión, este no es solo un libro para el ministerio juvenil. Es un libro para la IGLESIA».

–April Diaz, pastora de Next Gen (próxima generación), Newsong Church.

«Lo que Mark Oestreicher ha hecho en *Ministerio Juvenil 3.0* es profundo. Tanto histórico como profético, nos muestra dónde ha estado el ministerio estudiantil americano moderno y hacia dónde debería ir. Como lectores, estamos en buenas manos con Marko al volante, y él nos conduce (a nosotros y al ministerio juvenil) en una nueva, maravillosa y necesaria dirección. Este libro va a la vanguardia de lo que será el futuro del ministerio juvenil».

–Tony Jones, autor de *Nuevos cristianos: Despachos de la Frontera Emergente.*

MARK OESTREICHER

PRÓLOGO POR DR. LUCAS LEYS

MINISTERIO JUVENIL 3.0

UN MANIFIESTO

DE DONDE ESTUVIMOS, DONDE ESTAMOS
Y HACIA DÓNDE DEBEMOS IR

La misión de Editorial Vida es ser la compañía líder en satisfacer las necesidades de las personas con recursos cuyo contenido glorifique al Señor Jesucristo y promueva principios bíblicos.

MINISTERIO JUVENIL 3.0
Edición en español publicada por
Editorial Vida – 2010
Miami, Florida

Originally published in the USA under the title:
Youth Ministry 3.0: A Manifesto of Where We've Been, Where We Are, and Where We Need to Go.
Copyright © 2008 by Mark Oestreicher
Published by permission of Zondervan, Grand Rapids, Michigan 49530

Traducción: Patricia Marroquín
Edición: *María Ana Gallardo*
Diseño interior: *Good Idea Productions, Inc.*
Diseño de cubierta: *Good Idea Productions, Inc.*

ISBN: 978-0-8297-5743-9

CATEGORÍA: *Ministerio cristiano / Juventud*

IMPRESO EN ESTADOS UNIDOS DE AMÉRICA
PRINTED IN THE UNITED STATES OF AMERICA

12 13 15 15 ❖ 7 6 5 4 3 2

AGRADECIMIENTOS

A través de los años he escrito o contribuido como para llenar una pequeña estantería de libros. Pero, en muchos aspectos, siento como si este fuera mi primer libro «real». No es por desmerecer a los otros, pero este es el primero con oraciones reales y párrafos de ideas escritos para adultos. Y, por supuesto, no salió de la nada. Muchos contribuyeron con él.

Cuando estaba incubando estas ideas para una Sesión General de la Convención Nacional de Líderes Juveniles en el otoño del 2007, escribí algunas preguntas en mi blog. Un puñado de líderes juveniles fue especialmente útil al sugerir palabras para describir lo que estaba pensando respecto del *Ministerio Juvenil 3.0.* En particular muchas gracias a D. Scott Miller, Chad Swanzy, Joe Troyer, Adam Lehman, Len Evans, Gordon Weir, Tammy Klassen, Jay Phillippi, Natalie Stadnick, Grahame Knox, Dustin Perkins, Sue Van Stelle, Bob Carlton, Tash McGill, Liz Graves, Tammy Harris, Mark Riddle, Robin Dugall, Daniel So, y Jodi Shay.

En la primera convención de ese año, me senté en el balcón de mi cuarto de hotel por horas con mi amigo (y editor de Especialidades Juveniles) Jay Howver, y él me ayudó a desarrollar muchas de mis ideas para la sección de aplicación, las que más tarde fueron las semillas para el Capítulo 6 de este libro.

Cuatro muy, pero muy inteligentes amigos míos leyeron los primeros bosquejos de este libro y me proveyeron de aportes extremadamente útiles y formativos. Después de sus respuestas, reescribí secciones completas, agregué nueva información, aclaré algunas partes y saqué otras. En muchos sentidos, ellos merecen créditos de coautores. Así es que muchísimas gracias a Dr. Chap Clark, Dr. Kara Powell, casi-Dr. Tony Jones, y Dr. Kenda Creasy Dean.

Michelle Fockler me permitió usar su casa por tres días como un «paraíso de la escritura». Esos tres días hicieron toda la diferencia, y estoy en deuda con Michelle. Después, tuve dos días de revisión en el silencioso apartamento de mi amigo Andy Padgen. Amigo, ese es el lugar perfecto para escribir.

Finalmente, mi esposa (Jeannie) y mis hijos (Liesl y Max) son la mejor familia que un hombre pudiera tener. Estoy tan enamorado de ustedes, y amo tanto mi vida con ustedes. Gracias por apoyarme con este librito.

CONTENIDO

FUERA DE LA CANTERA

PRÓLOGO POR DR. LUCAS LEYS

Mark Oestreicher es una de las personas más inteligentes que conozco y este es un libro visionario. Marko, como es normalmente conocido su autor en el mundo de habla inglesa, da en este libro un paso adelantado y anticipa la dinámica cultural que rodea a los jóvenes y cómo la iglesia debe reaccionar.

Además de inteligente, Marko es otras dos cosas que personalmente a mí me impresionan y que hacen a este libro especial: Por un lado es un excelente intérprete cultural con muchísimos años de experiencia en el trabajo con la nueva generación y una experiencia singular en más de un tipo de iglesia y en más de una posición, lo cual le da una versatilidad de panorama que no es igual a la que tiene alguien con un solo tipo de historia en el ministerio de jóvenes. Por el otro, Marko está profundamente impresionado con Jesús, sin estar impresionado consigo mismo. Él es un líder humilde que no necesita ni cartel ni plataforma para adoptar una actitud de servicio y por eso me anima también contar con esta obra de excelencia.

En este libro encontramos uno de los análisis más audaces y agudos hecho a la iglesia contemporánea en cuanto a su acercamiento a cada nueva generación. Obviamente está basado en la historia de una pastoral juvenil en Estados Unidos y por eso los lectores hispanos tendremos que saber hacer una reflexión contextualizada en cuanto a su perspectiva. La historia del ministerio juvenil en Estados Unidos es diferente a la historia del ministerio juvenil en América latina, España aun en las iglesias hispanas de Norteamérica, y por eso los lectores de este libro nos encontramos con referencias que son ajenas a los que estamos acostumbrados. Sin embargo, a pesar de esta advertencia, el análisis de este libro ayudará a los observadores activos de nuestro contexto a valorar, evaluar y por qué no, anticipar lo que Dios ha hecho y quiere hacer en nuestro territorio. El objetivo de publicarlo es profundizar en un análisis de lo que la iglesia ha hecho y le va a permitir hacer a Jesús en los próximo años entre la juventud del mundo hispano. Sus páginas proponen un método práctico volviendo a la misión de la iglesia y a su ADN de comunión que es y será relevante para cada líder interesado en aumentar el nivel de efectividad en su ministerio.

Por todo esto, es con mucho gozo, el pecho hinchado, esperanza y agradecimiento que tengo el privilegio de presentarlo para nuestro mundo de habla hispana.

Dr. Lucas Leys
(Desde algún lugar de América)

INTRODUCCIÓN: ESTAMOS EN UNA ENCRUCIJADA

Jenna, una chica de unos 13 años de edad, se sentó en una banqueta frente a 30 miembros de su grupo de jóvenes una noche durante un retiro de invierno. La habitación en la que se encontraban era rústica (madera mezclada con barro), en un campamento. Todos estaban en silencio mirando a Jenna. Ella se retorcía tratando de recordar la respuesta. Pero se tardaba demasiado.

Yo apreté un botón conectado por cables a un aparato colocado debajo del asiento de la banqueta de Jenna, el cual también estaba conectado a una malla de alambre envuelta en la parte superior del asiento. Instantáneamente, una descarga eléctrica sacudió a Jenna, enviándole algo que sintió como

Concuerdo con que *necesitamos* un cambio. Pero la gran pregunta sigue siendo: ¿Estamos dispuestos a cambiar? ¿O seguimos siendo el niño que cree que porque él no puede ver a nadie desde debajo de la manta, nadie lo verá a él desde el exterior? *–Andrew Seely*

Tristemente el ministerio juvenil se ha convertido en una empresa de entretenimiento para la mayoría de las iglesias. Los pastores de jóvenes se sienten presionados para lograr que los chicos entren por la puerta... y, si es posible, que sean salvos. Alentarlos a ser como Jesús no es el objetivo; los números son el objetivo. Dado que los pastores de jóvenes también creen que deben tratar de aferrarse a los chicos que tienen, se han convertido en lo que yo llamo un ministerio juvenil «en bruto»: aquél en el cual apelamos a la naturaleza humana «en bruto» de los jóvenes, que es tan predominante en los medios de comunicación modernos. *– James C*

¿Por qué hemos avanzado? Quizás es porque estamos redescubriendo el poder (y la necesidad) de las relaciones que afirman la vida en el ministerio juvenil. Y las relaciones son orgánicas; no pueden ser facilitadas por un asiento caliente ni por ningún otro truco. *–Jake Bouma*

miles de agujas en el trasero. Ella gritó y saltó desde la banqueta, para el deleite del resto del grupo que irrumpió en aplausos.

Jenna no pudo recordar el versículo Bíblico lo suficientemente rápido. Así que yo le di corriente en el «asiento caliente».

En serio. El asiento caliente era para reírse a carcajadas, y todos suplicábamos por esta «pieza central» de nuestro retiro de invierno cada año, a principios de los '80. Si yo tuviera un asiento caliente en mi ministerio juvenil hoy en día, seguramente me demandarían. O, al menos, provocaría una ira significativa en algunos padres y perdería mi trabajo. Pero las cosas eran diferentes entonces, ¿verdad?

Ahora me resulta muy fácil mirar hacia atrás, recordando ese asiento caliente, y decir: ¡Vaya! ¿Por qué pensábamos que aquello estaba bien? Es un poco embarazoso, por decir lo menos... especialmente el hecho de que la utilizaba ¡para animar a la memorización de las Escrituras!

Sin embargo, esto plantea algunas preguntas para reflexionar:

> Yo creo que el experimento del ministerio juvenil ha fracasado. Hemos glorificado y profesionalizado al ministerio juvenil... y espero que en el futuro sea desmantelado y reevaluado. –*Gman*
>
> Perdí mi trabajo como pastor de jóvenes a mediados de los años '90 en un incidente «cara pálida» (bajarse los pantalones y mostrar el trasero). En retrospectiva, puedo ver lo estúpidas e irresponsables que fueron mis acciones, pero esto es lo que me modelaron mis líderes juveniles cuando yo era un adolescente en los '80. A pesar de todas las idioteces mal encaminadas que ocurrieron en el ministerio juvenil en los años '80, de todos modos encontré a Cristo en las relaciones que allí establecí. Pero hoy es diferente. Tenemos que ver nuestro llamado como pastores y sacerdotes, y aprender a llenar el anhelo de identidad, pertenencia y significado en el corazón de los adolescentes, a través de profundas relaciones amorosas y señalándoles hacia Jesús. –*Howie*
>
> El asiento caliente me recuerda un dicho que adopté hace un tiempo sobre el ministerio: «Todo tiene una fecha de caducidad». –*Jess R*

- ¿*Alguna vez* estuvo bien ese asiento caliente?
- ¿Se hizo a un lado solo porque nuestra cultura se ha vuelto litigiosa?
- Si *estaba* bien, entonces ¿por qué no está bien ahora?
- Si *no estaba* bien, entonces ¿por qué no nos dimos cuenta antes?

Estas preguntas no son tan simples como parecen. Si los asientos calientes fueron bastante comunes en el ministerio juvenil en los años '70 y hasta mediados de los '80, y si todos los chicos pensaban que era tan divertido, y si ningún padre se quejó, y si los libros sobre ministerio juvenil lo recomendaban, entonces ¿eran realmente malos? En otras palabras, si el entendimiento común entre los líderes juveniles y el estímulo del ministerio juvenil colectivo era «los asientos calientes son buenos», entonces ¿eso los hacía buenos?

No soy un líder juvenil pero quise compartir esto, ya que soy uno de aquellos jóvenes que «cayeron a través de las grietas».
Durante un par de veranos a principios de los años '90, mis padres me embarcaron en campamentos de verano cristianos. Yo tenía alrededor de 13 años. Ambos veranos dejé el campamento completamente desinteresado, sin inspiración y sin ser tocado por Dios. ¿Por qué? Además de no sentir que el grupo me representara, nunca me sentí reconocido a nivel personal por ninguno de los líderes juveniles. Ellos siempre asumieron que nosotros nos encontraríamos con ellos en su nivel, a través de las diferentes actividades y reuniones que habían planificado. Pero no se percataron de que la cosa se trataba de que ellos se encontraran con nosotros a nuestro nivel. Siempre se centraron en «el grupo», en lugar de en nosotros como individuos.
Con el aumento de la violencia y el abuso de sustancias, y con más hogares rotos y desfavorecidos que nunca antes, los chicos simplemente se mueren por ser reconocidos. Necesitan a alguien que se conecte con ellos a nivel personal. Necesitan líderes que se tomen el tiempo para escuchar y para afirmarles que están bien y que son amados… sin importar quiénes son, de dónde vienen, o con qué están luchando. Si esa conexión no se logra, es muy poco probable que un joven permita a los líderes llevarlo a algo tan sagrado como un viaje espiritual. *–michball*

O tal vez estés pensando: *No, los asientos calientes estaban moralmente equivocados. Los líderes juveniles de esa era simplemente no lo veían.*

Pero, ¿por qué no lo veíamos? ¿Por qué no hubo una reacción... de alguien?

Estas son el tipo de preguntas que me gustaría intentar responder en este pequeño libro. Pero en lugar de mirar microasuntos tontos, como los asientos calientes, pretendo enfocarme en los macroasuntos más amplios que tienen que ver con nuestras creencias acerca del ministerio juvenil de hoy en día.

Creo que estamos en una encrucijada en el trabajo con jóvenes. Para ser efectivos, para poder ser fieles a nuestro llamado, necesitamos cambiar. Necesitamos dar un giro en esta encrucijada. Pero me temo que estemos pasándola de largo, asumiendo que la forma en que siempre hemos hecho las cosas seguirá funcionando.

El problema es este: La forma en que hemos estado haciendo las cosas *ya no está funcionando*. Estamos fallando en nuestro llamado. Y, en el fondo, la mayoría de nosotros lo sabemos. Por eso es que todos necesitamos un cambio trascendental en nuestros enfoques, hipótesis, modelos y métodos.

Es tiempo para el Ministerio Juvenil 3.0

¿Cuáles son, en el contexto actual, los vehículos para desarrollar con los jóvenes relaciones que verdaderamente pueden impactar su desarrollo espiritual? ¿En qué aspectos de la cultura juvenil debemos infiltrarnos con el fin de lograrlo? ¿Es a través de la tecnología o las redes sociales, los deportes o la música? La fe cristiana se ha tratado de relaciones desde la época de los evangelios. Ya sea en el ministerio juvenil o en la iglesia en general, al tratar de reinventar el futuro debemos ser cautelosos, para que al reaccionar a lo que correctamente identificamos como problemas, no dejemos que el péndulo oscile de nuevo hacia el ambiente rígido, desconectado y a menudo legalista que generaron muchas de las iglesias en las que fuimos criados. *–Mike*

Capítulo 1

LA NECESIDAD DE UN CAMBIO

¿Alguna vez has tenido la visión de un perfecto día de aventura y luego te encontraste con que la realidad ni siquiera estuvo cerca? Experimenté eso de forma severa en Mendoza, Argentina, en el otoño de 2006.

Yo estaba en Mendoza en una de las convenciones de Especialidades Juveniles para líderes juveniles en español (llamada *Convención Internacional de Liderazgo Juvenil*). En la tarde del domingo del evento, tuve mucho tiempo libre. Así que dos amigos y yo decidimos encontrar una aventura. Hablamos con una mujer que trabajaba en un stand de turismo acerca de la compra de boletos para una carrera de autos que se estaba llevando a cabo justo en las afueras de la ciudad. Pero ella nos informó que las entradas estaban agotadas y sugirió que hiciéramos un tour en bicicleta por los viñedos.

Mendoza es el Valle de Napa de Argentina, y está salpicada con cientos de viñedos. A pesar de que un tour por los viñedos en bicicleta nos sonó un poco demasiado «Mary Poppin-esco» para nosotros hombres, no teníamos muchas otras opciones. Y pensamos que tal vez sería lo suficientemente extraño como para crear algunos momentos y recuerdos entretenidos.

La mujer nos dio las instrucciones, mapas, y los pasajes de autobús; y allá fuimos, confiados de que tendríamos un día perfecto.

Después de andar en un autobús municipal por cerca de 45 minutos (y de preguntarnos continuamente si ya nos habíamos pasado) finalmente llegamos a nuestro destino. Saltando del autobús, nos vimos en medio de una polvorosa zona industrial en las afueras de la ciudad. No era para nada un paisaje turístico, pero nos dirigimos hacia otro stand para turistas... el de las bicicletas.

Excepto que estaba cerrado.

En este punto tuvimos nuestro primer encuentro del día con un ángel: Una señora argentina, de edad, y cargada con demasiadas bolsas de comida, se nos acercó y entabló una suerte de conversación cómica con mímicas. (Nosotros no hablábamos español, ni ella inglés).

Ella hizo señas: «¿Acaso ustedes, guapos caballeros, están tratando de encontrar bicicletas para rentar?»

Con perfectas señas le respondimos: «¡Sí!»

La angelical mujer señaló hacia más abajo en el camino, a una bandera roja, y dijo: *«Bicicletas»*. Incluso con la «D» que me saqué en Español en la escuela secundaria, yo sabía lo suficiente como para entender aquello.

Con renovado vigor, partimos en dirección a esa instalación privada de alquiler de bicicletas. Al final resultó ser un recinto de concreto con un perro rabioso encadenado, una pequeña casa, y seis bicicletas en la cocina. Pero pagamos nuestro dinero, y obtuvimos nuestras bicicletas para partir, una vez más, con revitalizado entusiasmo por lo que nos esperaba por delante.

Honestamente puedo decir que durante los primeros 100 ó 200 metros yo iba pensando: *¡Esto es fantásti-*

co! ¡Qué cosa tan extraña y estupenda lo que vamos a hacer! ¡Lo pasaremos de maravillas!

Pero poco después comencé a sentir los primeros dolores. Vi que mi neumático trasero estaba bajo. Noté que un viento horrible soplaba en contra, y que iba en aumento. Y ahora podía sentir mi corazón acelerado y los músculos de mis piernas que comenzaban a acalambrarse.

Después de más o menos un kilómetro y medio, les dije a mis amigos que necesitaba parar y descansar un momento. Después de otros 800 metros, paramos una segunda vez. La tercera parada fue unos cuatrocientos metros después. Y la cuarta fue unos cien metros más allá de la tercera parada.

En ese punto, pasaron dos cosas:

Primero, comencé a considerar seriamente si me iba a morir o no, ese mismo día, a un lado del camino en un área rural de Argentina.

Segundo, uno de mis «amigos» sacó su celular y con su camarita filmó un malvado video de mí jadeando y agarrándome el pecho. (Afortunadamente, como esto es un libro, no tengo forma de mostrárselos)[1].

Tuve que admitirlo; necesitaba regresar. Así que volvimos al «stand de renta» solo para encontrarnos con la reja cerrada y nadie en casa. Abrimos la reja haciendo palanca y pronto nos encontramos con el (ahora desencadenado) perro rabioso. Rápidamente descubrimos que el tirarle encima las bicicletas al perro lo demoraba justo el tiempo suficiente como para que pudiéramos salir y cerrar la reja detrás de nosotros. ¡Escapamos de la rabia por poco!

Resumiré la siguiente parte: Caminamos, saltamos de autobús en autobús, nos sentamos sobre rocas y troncos, intentamos hacer parar un auto para que nos llevara... todo esto en la dirección en que pensábamos debíamos ir. Llegó un momento en el cual estábamos completamente perdidos e inventando algunos titulares imaginarios que dirían algo como: «Gringos estúpidos desaparecen en las afueras de Mendoza; las autoridades no se explican por qué andaban conduciendo bicicletas».

De pronto apareció. (Inserta el sonido de un coro de ángeles aquí). Andando por un angosto camino de árboles, nos cruzamos con lo que podríamos describir como un *«7- Eleven»* (conocida cadena norteamericana de mini-mercados) de la Argentina rural. Y (tomen nota) se llamaba «Emmanuel», que, por supuesto, significa «Dios con nosotros».

Decidimos que esta tienda «Dios-con-nosotros» sería nuestro tour por los viñedos de ese día. Agotados, compramos bebidas y nos sentamos en una mesa para picnic que estaba afuera, riéndonos de nuestra desgracia y estupidez. En la mesa de al lado, tres hombres casi sin dientes se rieron de nosotros y con nosotros.

Así que comenzamos el juego de la mímica con ellos, de alguna manera explicándoles a dónde habíamos tratado de ir. Ellos nos explicaron que los viñedos estaban a la vuelta de la esquina,

y nosotros les rogamos que nos llevaran en su pequeña motoneta. Explicándonos por qué esto no era posible, me señalaron, hicieron como que se sentaban en una motoneta imaginaria, y luego se agacharon, indicando que mi «tamaño» sería catastrófico para su medio de transporte.

Finalmente, los convencimos de que llevaran a los demás en la motoneta (yo tuve que caminar), y llegamos al viñedo... justo cuando estaba cerrando.

Nuestros esfuerzos no están alcanzando nuestras expectativas

Para la mayoría de nosotros que hemos estado en el ministerio juvenil por un tiempo (y para algunos que no han estado en el ministerio juvenil por algún tiempo), creo que esta historia tiene sentido: La realidad está resultando algo diferente a lo que imaginábamos, anhelábamos o esperábamos.

Aunque están pasando cosas maravillosas en el ministerio juvenil por todas partes (en casi todos los ministerios juveniles) nuestro impacto, la transformación de las vidas de los chicos, parece menor de lo que esperábamos. Estudio tras estudio nos llaman la atención sobre esta dura realidad. Los chicos están desertando de la iglesia una vez que salen del grupo de jóvenes, en tasas sorprendentes[2] (tan altas como de 50 a 70 por ciento en una encuesta de buena reputación[3]). Y los chicos que están *dentro* de nuestros grupos de jóvenes parecen suscribir, según indican las investigaciones, a fe que es neutral e insostenible[4].

Para ser justos, nosotros los líderes juveniles estamos haciendo lo que siempre hemos hecho: tratando de amar a los adolescentes lo mejor que podemos y de ayudarlos a experimentar el amor de Dios. Nuestros corazones están en lo correcto (en casi todo), pero, yo creo, hay defec-

> Nosotros, como iglesia, de algún modo, de alguna forma, necesitamos desarrollar una comunidad auténtica, para que los individuos sientan hambre por ella y se den cuenta de que ninguna otra cosa les saciará esa hambre. *–Jeff Greathouse*
>
> Lo complicado de cambiar y evolucionar en nuestros métodos es que frecuentemente toma dos o tres años antes de que sepamos con seguridad si nuestro cambio fue una grandiosa nueva dirección o un giro equivocado. Las mutaciones, las transformaciones y la evolución implican muchos pequeños cambios a lo largo del tiempo, y tristemente la mayoría de los líderes juveniles no tienen la paciencia necesaria para eso. *–Lukefish*

Kenda Creasy Dean, en *Practicing Passion [Practicando la Pasión]*, indica que lo que los adolescentes están buscando es una fe por la cual valga la pena morir, algo tan importante que valga la pena dar su propia vida por completo. Hasta donde he visto, nuestros modelos actuales de ministerio están fallando en gran medida al no presentar la fe de esa manera. En lugar de esto, son un sitio entretenido para estar con los amigos... «vengan por la comida y quédense por la Biblia».

Y quizás este sea un síntoma mayor, no del ministerio juvenil, sino de la familia. Si los padres y mentores fuera del ministerio juvenil tienen el mayor impacto en la fe de los jóvenes, esto me hace pensar que el ministerio juvenil solo está perdiendo el tiempo... intentando sanar la enfermedad con la medicina equivocada. Tal vez lo que Ministerio Juvenil 3.0 está intentando señalar es que debemos enfocar a la familia como un conjunto de personas interdependientes, y no simplemente enfocarse en los adolescentes como personas, sin tomar en cuenta otras influencias en sus vidas. Siendo así, sería incorrecto pensar que la «tasa de abandono» es exclusivamente culpa del ministerio juvenil. Tal vez la culpa mayor sea del fracaso en ser buenos padres de nuestros hijos. *–dan*

Por todo lo que se habla de cambio y de «si tan solo nosotros...», encuentro que a menudo las mejores respuestas son las mismas que en el pasado: No el juego-extremo... o la silla de la verdad... sino la idea de la vida encarnada entre los chicos. No puedo ver que eso vaya a cambiar jamás. *–Brandon*

tos en muchas de nuestras hipótesis y métodos. Una desconexión.

Algunos de estos defectos existen porque erróneamente adoptamos prioridades culturales en el pensamiento de nuestro ministerio juvenil. Pero con mayor frecuencia nuestros errores existen porque si bien nuestro pensamiento era correcto (para su tiempo), el mundo de los adolescentes ha cambiado, y hemos sido muy lentos en nuestra respuesta.

Es algo así: cuando estás en un país rural pobre, y ves en un camino de tierra una carreta tirada por caballos, no piensas nada en especial. Encaja. Pero cuando estás manejando por Pennsylvania Dutch y ves una carreta tirada por caballos andando por un lindo y pavimentado camino y demorando el tráfico, parece como si algo no encajara. En muchas formas, el ministerio juvenil de hoy es esa carreta tirada por caballos.

Nuestro pasado, presente y futuro

Hace algún tiempo, un consultor que trabajaba con nuestro equipo de liderazgo en Especialidades Juveniles nos presentó un ejercicio de línea de tiempo. (Curiosamente, él también es uno de los «amigos» que estuvo conmigo aquel día horrible en Argentina). Puso tres pedazos de papel en el piso, y sobre cada pedazo estaba impresa una palabra, creando una línea de tiempo física: PASADO, PRESENTE y FUTURO. Nosotros nos fuimos turnando para pararnos sobre cada uno de los pedazos de papel, pensando en nuestras vidas, y en hacia dónde nos dirigíamos.

Recientemente trabajé con la junta directiva de una organización sin fines de lucro que luchaba con su identidad. Utilicé el mismo ejercicio de la línea de tiempo, pero les pedí a miembros de la junta directiva que se pararan en el pasado, presente y futuro como una encarnación de la organización. Quisiera hacer lo mismo con este libro: Mirando hacia atrás, a nuestro pasado, mirando a nuestro presente, e intentando describir un futuro mejor.

No estoy mirando en una bola de cristal, y este no es un ejercicio para *predecir* el futuro. En lugar de eso, espero describir lo que estoy viendo, experimentando y sintiendo sobre lo que tenemos que hacer para poder seguir siendo fieles a nuestro llamado.

Corriendo hacia un hoyo en la tierra

Mientras escribo esto hay una serie de comerciales de «Wendy's» (una cadena de hamburguesas y otras comidas rápidas) en la televisión, que muestran a gente común y corriente (a menudo muchachos) luciendo trenzas de color rojo, y teniendo epifanías contra-culturales referidas a las hamburguesas y a otras realidades de la comida rápida. Mi comercial favorito de estos comienza con una toma aérea de un enorme agujero en la tierra, y cientos de personas corriendo hacia él desde todas partes. Cuando llegan al agujero, todos saltan dentro.

Después la toma cambia para captar la cara de un tipo (usando la peluca roja de Wendy, la chica que es símbolo de la marca) que está corriendo en medio de la multitud. Mientras corre, podemos escuchar sus pensamientos a medida que reconoce que algo no está bien. Entonces comienza a hablar, al darse cuenta de que él no tiene por qué comer sus hamburguesas cocinadas antes de tiempo y mantenidas tibias bajo el calor de una lámpara. Lentamente se detiene, y algunos otros también se detienen para escuchar… mientras que la mayoría de la gente sigue corriendo hacia el agujero. Después, los pocos que se detienen con él deciden que ¡quieren que sus hamburguesas hagan ruidito cuando se cocinan! Se alegran y comienzan a correr de vuelta, contra la corriente de la multitud[5].

Es un comercial divertido. Pero tengo que admitir que cada vez que lo veo me recuerda a la iglesia en Norteamérica. Tenemos todo este momentum. Percibimos que las cosas van bien. Nuestras megaiglesias son más mega que nunca antes. Nuestros ministerios juveniles están financiados mejor que nunca. El ministerio juvenil está recibiendo más respeto que nunca antes. Tenemos mejores recursos y eventos de capacitación, mejores celebridades y mayor credibilidad de las que jamás habíamos tenido.

Entonces, ¿por qué parece como si estuviéramos corriendo hacia un agujero?

Quiero ser parte de esa banda de líderes juveniles contra-culturales que se detengan. Quiero ser parte del grupo de los que dicen «espera un segundo», de los que no aceptan cómo están las cosas. Quiero sumarme a otros que se hayan dado cuenta de que nos dirigimos por un camino que lleva a la obsolescencia y a la total ineficacia, y darnos vuelta para preguntar: «¿Qué deberíamos cambiar?»

Capítulo 2

ENMARCANDO EL CAMBIO EN LA CULTURA JUVENIL

La adolescencia, como probablemente sabes, es un fenómeno cultural bastante reciente. Espera. Permíteme ser «el Capitán de la Obviedad» y dar un paso hacia atrás: La adolescencia es un fenómeno cultural (reciente o no).

Seguro, hay un montón de indicadores fisiológicos, transiciones, y elementos únicos en lo que respecta a la adolescencia. Podemos hablar sobre (o, más exactamente, yo podría escribir sobre) el desarrollo cognitivo y los cambios emocionales y el agrupamiento de relaciones y los cambios morales y espirituales por un largo tiempo. Incluso podría escribir un largo capítulo o dos acerca de las nuevas y apasionantes investigaciones sobre el cerebro del adolescente y algunas de las posibles repercusiones para el ministerio juvenil. Estas excursiones son tentadoras, ya que ambas son mis pasiones y sería una excelente forma de aumentar el número de páginas, hasta que alcancen el tamaño de un «verdadero libro». Pero resistiré, no es mi punto. Dicho esto, la adolescencia claramente tiene indicadores y límites biológicos, de desarrollo, y fisiológicos.

Sin embargo la adolescencia ha sido, y sigue siendo, un *fenómeno cultural.*

Enfrentémoslo: Las muchachas, desde la primera hija de Eva, han tenido su primer período (menarca), que es uno de los indicadores fisiológicos del inicio de

> Entonces, si la adolescencia es (hasta cierto punto) un fenómeno cultural, ¿no es acaso totalmente posible que nos estemos embarcando en un nuevo desarrollo cultural, en el cual todos se vuelven parecidos a los adolescentes? (Podríamos llamarlo *post-adolescencia*, si quisiéramos vender libros). Tal vez este rápido cambio cultural demandará nuevos términos, a medida que elaboramos el cambio en el ministerio juvenil... tal vez incluso los términos *ministerio juvenil, grupo de jóvenes y pastor de jóvenes* necesitan ser eliminados paulatinamente. –*James*

la pubertad en las mujeres. (En realidad, el desarrollo de las yemas mamarias y el vello púbico son los primeros indicadores del inicio de la pubertad en las niñas). Pero no había adolescencia (al menos no un período de tiempo culturalmente reconocido) hasta hace unos 100 años atrás[6]. Había «juventud», pero no adolescencia. Joven era simplemente otra palabra para «niño». Y eso tenía sentido, dado el contexto.

Entonces, ¿qué fue, hace más de 100 años atrás, lo que provocó que G. Stanley Hall utilizara el término adolescencia en su libro del mismo título?[7] Hall (entre otros) había observado un nuevo «período de espera», un botón de pausa, culturalmente aceptado, entre la vida sin preocupaciones de un niño y las expectativas de la edad adulta. Esta pausa, a la que Hall llamó *adolescencia,* fue la forma en que la cultura les ofreció a los jovencitos y jovencitas un respiro para batallar con algunos temas[8].

Hall hablaba de la adolescencia como un tiempo de «tormenta y estrés» (un reconocimiento para el movimiento alemán *Sturm und Drang*). Hall escribió que esta fase de desarrollo tiene tres elementos claves que eran comunes para todos: conflictos con los padres, trastornos en el ánimo, y un comportamiento arriesgado[9].

Además (y central a la idea de este libro) durante los siguientes 50 años Hall y otros comenzaron a hablar de las tareas de la adolescencia de un modo que, aun cuando se bromea con respecto a las palabras exactas, y estas han sido retocadas por diversas personas, realmente no ha cambiado mucho[10]. Regresaré a esto en un momento.

El crecimiento de la cultura juvenil

La aparición de la adolescencia (y, en particular, la expansión de la adolescencia y el surgimiento de la cultura juvenil) es el resultado de una danza simbiótica entre la filosofía y la cultura. Lo que quiero decir es esto: En 1904, cuando Granville Stanley Hall publicó *Adolescence (Adolescencia),* los límites que él describió, en cierto sentido, todavía existen. En otro sentido, los límites han cambiado completamente... y de manera radical.

La adolescencia es el período entre la pubertad y la adultez. Más precisamente, es el período de la vida entre la pubertad y la expectativa cultural del involucramiento adulto en la cultura en general, convirtiéndose en un miembro con participación activa en la sociedad. Esa parte no ha cambiado.

Lo que *ha* cambiado, entre otras cosas, son las *edades* que estas des-

> Es triste que nosotros «los adultos» estemos fracasando en ayudar a nuestros niños a convertirse en adultos. Es como si nosotros (los adultos) aún no supiéramos lo que estamos haciendo, como para enseñar a nuestros jóvenes lo que significa ser un adulto. Creo, ahora más que nunca, que tenemos que ampliar nuestro enfoque. Sí, los adolescentes son importantes... pero también lo son sus padres. Entonces, alcancémoslos a ellos, y coloquemos mentores en sus vidas también. Enseñemos a los padres a criar en una forma que lleve a sus hijos a crecer, y continuemos rodeando a nuestros adolescentes con adultos que les guíen y les acompañen hacia el mundo y el cuerpo de la fe, como adultos espiritualmente maduros, independientes y participativos. *–Josh*
>
> ¿Y cómo afecta este período de 15 años de adolescencia a los pastores juveniles? Hoy en día, muchos son menores de 30 años, yo incluido. ¿Soy un adolescente ministrando a compañeros adolescentes? ¿Y quién está discipulando a los pastores de jóvenes? ¿Ahora necesitamos a un pastor de jóvenes para los pastores de jóvenes? *–Joel*

La gente solía casarse y comenzaba a tener hijos a la edad de 13 años más o menos. (Mi abuela, por ejemplo, se casó a los 13 y tuvo su primero hijo a los 15). Ha sido solo en los últimos 100 años que la adolescencia se ha extendido, y ahora les decimos a nuestros jóvenes que deben esperar para el matrimonio... además, el tiempo culturalmente aceptado para casarse está siendo cada vez más y más tarde. Sin embargo, biológicamente, los adolescentes siguen estando en el mismo lugar en que estaban sus abuelos y bisabuelos. De hecho, están alcanzando la pubertad a una edad más temprana.
Frecuentemente me he preguntado si esa es parte de la razón por la cual los adolescentes son tan rebeldes. Biológicamente son «adultos», e incluso, tan solo 100 años atrás hubiesen sido tratados como tales. Ahora nuestra sociedad, y cada vez más, está tratando de evitar que lleguen a esa etapa: ¿Cuántos de nosotros conocemos a jóvenes de 25 a 27 años de edad, que aún viven en casa con sus padres?
Necesitamos encontrar la forma de juntar las dos cosas: ayudar a los chicos a hacer frente a lo que les está sucediendo biológicamente, pero dentro de lo que resulta aceptable para las normas sociales... o, cambiemos las normas. Fue tan solo 100 años atrás que el baño diario se convirtió en algo común, gracias a la Reina Victoria... y hoy no podemos imaginarlo de ninguna otra forma. Entonces, ¿por qué no podemos cambiar las normas en torno a la adolescencia? *–Miranda*

cripciones representan. Lo gracioso es que el indicador del extremo inferior de edad ha cambiado debido a la fisiología, y el indicador del extremo superior de edad ha cambiado debido a cuestiones culturales. Y, por supuesto, nunca es tan simple (no es que la puerta de entrada de la pubertad hacia la adolescencia no tenga ningún aporte o implicancias culturales).

Cuando Hall describió la adolescencia, él estaba hablando de un período de tiempo de 18 meses de duración. Así es: un año y medio. ¡Eso es todo! Por lo tanto, no es de extrañar que no haya habido mucho de «cultura juvenil» en ese entonces. A principios del 1900, la edad promedio para el inicio de la pubertad en las niñas era de 14.5[11]. Y Hall sugería que nuestra cultura cambiante estaba permitiendo una ventana de 18 meses de tiempo (hasta acerca de la edad de 16 años) para lidiar con las tareas del adolescente de identidad, autonomía y afinidad.

Avanza rápido hasta la década de los '70: El punto de entrada a la adolescencia (el indicador biológico de la pubertad) para las niñas se redujo a un promedio de 13 años de edad, y el punto de salida (por supuesto, no es un punto de salida rígido) ha experimentado un cambio cultural hacia los 18 años de edad. Ahora los jovencitos y jovencitas tenían un promedio de seis años para lidiar con estos temas de adolescentes. Además (y esto es importante), esta mayor cantidad de años también significó que el número de adolescentes participando en este proceso era un porcentaje enormemente más alto de la cultura en general (debido no solo al crecimiento de la población, sino también por la extensión demográfica de esta etapa). Por lo tanto, los adolescentes tenían una influencia significativamente mayor sobre la cultura en general[12].

> Lo que encuentro más interesante es que si la adolescencia no termina sino hasta mediados o finales de los 20 años, entonces, ¿qué implicancias tiene esto para los líderes juveniles? Yo tengo 22 años y he estado en este campo por tres años. A principios del 1900, yo habría sido un adulto; hoy me metieron al saco con los «adultos jóvenes» (que es una forma agradable de decir que todavía soy un chico). Por lo tanto, ¿debemos contratar a líderes juveniles que tengan 30 años o más? La mayoría de las personas parecieran pensar que a esa edad comienzas a perder «la ventaja» en el ministerio juvenil; pero en cuanto al desarrollo, es allí cuando comienzas a tener «la ventaja» que necesitas: te encuentras justo en el punto que queremos que nuestros jóvenes alcancen. Entonces, ¿a quiénes queremos de líderes juveniles? ¿Adolescentes liderando adolescentes, o adultos de verdad liderando adolescentes? *–Kyle*

De nuevo avanza rápidamente, hasta el cambio de milenio. La edad promedio para el inicio de la pubertad en las niñas es ahora de los 10,5 a los 11 años de edad[13,14]. ¿Y la norma culturalmente aceptada para el momento en que se espera que un adolescente funcione como un miembro activo de la sociedad (y qué haya hecho progresos importantes en las tres tareas de la adolescencia)? El número es más difuso que nunca, pero la mayoría concuerda en que se encuentra en algún lugar entre los 25 y los 29 años.

Así que (aférrate a tu descripción de trabajo como pastor de jóvenes) la adolescencia dura ahora *15 años o más.* Esta realidad está *impactada* por la cultura, así como también tiene un enorme impacto sobre la cultura[15].

Las tres tareas de la adolescencia

Todos los adolescentes, o al menos aquellos que viven en una cultura que reconoce la adolescencia, luchan con la identidad, la autonomía y la afinidad, las tres «tareas de la adolescencia» según Hall. Me refiero a ellas como tareas, aunque se lidia con ellas de manera casi completamente subconsciente. Mientras mayores sean los adolescentes, más autoconscientes se vuelven de esta lucha, de estas tareas (y más aun en estos días ya que la adolescencia se extiende hasta los 20 y más años). Pero las tareas se presentan en el inicio de la adolescencia.

> Esto es lo que hace falta: Una iglesia para gente joven que sepa cómo hablar a sus corazones y que avive, consuele, e inspire entusiasmo en ellos con el gozo del Evangelio y la fuerza de la Eucaristía; una iglesia que se sepa cómo invitar y dar la bienvenida a la persona que busca un propósito con el cual comprometer a toda su existencia; una iglesia que no tenga miedo de exigir mucho después de haber dado mucho; que no tema pedir a los jóvenes el esfuerzo de una noble y auténtica aventura, como lo es la de ser seguidores del evangelio (adaptado de Juan Pablo II, 1995 Día Mundial de Oración por las Vocaciones). *–D. Scott Miller*

Identidad

Los diccionarios definen identidad como:

Condición o carácter en cuanto a lo que una persona o una cosa es...[16]

La inconfundible personalidad de un individuo considerada como una entidad persistente; individualidad[17].

Lo que una persona es, o las cualidades de una persona o grupo que les hacen diferentes de otros.[18]

De las tres tareas de la adolescencia, pareciera como si la iglesia realmente solo tratara de ayudar con la autonomía, poniendo el énfasis en que los jóvenes hagan de su fe algo propio. Aunque el ministerio juvenil se enfoca un poco en la identidad, pareciera ser más un enfoque establecido, que elimina la libertad y obliga a los jóvenes a mantenerse dentro de los estrechos confines de lo que la iglesia tradicionalmente ve como los roles de «el chico y la chica cristianos». En cuanto a la afinidad, los ministerios juveniles parecen desear un grupo afín para los jóvenes a expensas de todos los otros grupos. Esto lleva a una mentalidad de «todo o nada», a que se le haga el vació a los chicos «marginales», y a que se glorifique a los dedicados. *–josh mcalister*

Para nuestros propósitos, definiremos *identidad* como la pregunta: «¿Quién soy yo?». En pocas palabras: la identidad de alguien es la suma de la autopercepción. Esto incluye la autopercepción sobre el carácter, los valores, el propósito y potencial en la vida; casta; carácter emocional; apariencia y tipo de cuerpo; fortaleza o debilidad intelectual, espiritual, y emocional, relación con la familia y los amigos y la cultura en general; y muchos otros factores[19].

Los niños y preadolescentes no son intelectualmente capaces de tener este tipo de pensamientos en tercera persona. Una niña de 9 años de edad no puede permanecer al margen de sí misma y percibirse a sí misma, no puede formarse una opinión de sí misma sobre la base de la autopercepción. Puede formarse una opinión sobre sí misma basada solamente en lo que le gusta o no le gusta, y en lo que otros han dicho sobre ella.

El tipo de pensamiento que se necesita para la formación de la identidad es realmente nuevo en la adolescencia, y es un resultado directo del don del pensamiento abstracto[20]. El pensamiento abstracto va más allá de lo concreto, tangible, lineal, y blanco y negro. En resumen, podría caracterizarse como *pensar acerca del pensamiento.*

La incorporación del pensamiento abstracto le proporciona al adolescente una serie de habilidades nuevas, tales como:

- **Hipotetizar.** El pensamiento abstracto les permite a los adolescentes (y a los adultos, por supuesto) crear varios escenarios, reales o imaginarios, de «lo que podría ser». Los adolescentes apenas están empezando a considerar lo probable y lo poco probable, y los resultados a largo plazo de las diversas acciones y decisiones (tanto de sus propias acciones y decisiones, como de las de los demás). Por supuesto, ellos son muy malos para esto porque es una habilidad nueva. Pero tienen las herramientas cognitivas básicas para hacerlo[21].

- **Especular**. Estrechamente vinculada con la hipótesis, la especulación está directamente ligada a la toma de decisiones y es la práctica del pensamiento a través de resultados probables. Nosotros los adultos hacemos esto rápidamente (la mayoría de las veces), y de manera intuitiva. Cuando se presenta una elección que tomar, nosotros inmediatamente (de nuevo, en la mayoría de los casos) especulamos sobre los posibles resultados de las diversas opciones. Podríamos llamar a esto «tomar una decisión informada». Una vez más, los niños y los preadolescentes no son capaces de tomar una decisión informada, ya que no poseen la habilidad para especular.

- **Empatizar**. Vivo cerca de Tijuana, México, que está lleno de pobreza. Si llevo a mis dos hijos a visitar familias que viven en un vertedero de basura de Tijuana, escarbando en la basura por comida y sustento, entonces mis hijos probablemente tendrán dos experiencias muy diferentes. Max, mi hijo de 10 años (un chico naturalmente sensible) experimentará una profunda simpatía y respecto por la difícil situación de los niños y las familias que encuentre. Se sentirá mal por ellos y deseará ayudarlos. Sin embargo, Liesl, mi hija de 14 años, probablemente experimentará empatía. Ella también se sentirá mal por los niños que ve, pero dará un paso más allá. Ella empatizará al imaginarse (e incluso «sentir») lo que es la vida para un niño pobre. Ella se pondrá «en los zapatos de ese niño», y percibirá la vida desde esa perspectiva, una perspectiva completamente en tercera persona y fuera de sí misma. Puede que también luche con preguntas abstractas, tales como: «¿Por qué nació este niño en este lugar y en esta pobreza?, y «¿por qué nací yo en la vida confortable que tengo?»

- **Dudar.** Dudar, por supuesto, se produce cuando internamente nos cuestionamos nuestras creencias. Este es un proceso de pensamiento abstracto, y no es posible antes de la adolescencia. Pero es absolutamente esencial para el desarrollo de la fe y un maravilloso regalo de desarrollo en el diseño de Dios.

- **Emocionarse.** ¡Las emociones son abstractas! Y ya que los niños no piensan abstractamente, ellos son significativamente limitados en sus opciones emocionales. Me gusta pensar en esto como si los niños fueran por la vida con una «paleta de pintor» emocional, que contiene un número limitado de colores (sus opciones emocionales): solo los colores primarios y algunas combinaciones secundarias simples. Pero con la aparición de la pubertad y el don del pensamiento abstracto, esa pequeña paleta es reemplazada por una nueva y enorme paleta emocional con cientos de matices y emociones complejas, ¡además de una enorme cantidad de negro para añadir dimensión, melancolía y todas las demás cosas emocionalmente oscuras!

- **Autopercepción.** Ya he mencionado esto, los preadolescentes no tienen la capacidad de pensar sobre sí mismos más allá de lo que ven en el espejo o de lo que otros dicen sobre ellos. Pero el pensamiento abstracto aporta la capacidad para pensar sobre uno mismo y para percibirse de forma especulativa desde la perspectiva del otro. Una vez más, los adolescentes (especialmente los más jóvenes) son notoriamente malos en esto. A menudo perciben incorrectamente cómo los ven los demás y asumen que todo el mundo los «está controlando»[22].

- Y, por supuesto: **Formación de la identidad.**

Sería incorrecto decir que la formación de la identidad *comienza* en la adolescencia. Nuestras identidades están siendo formadas desde el primer día. Todos los mensajes que absorbemos de la familia, los amigos, y la cultura en general, dan forma a la percepción que tenemos de nosotros mismos. El cambio que se produce en la adolescencia (gracias a nuestro amigo, el pensamiento abstracto) es que los adolescentes de repente adquieren la capacidad de hacerse cargo de la formación de su propia identidad. Dado que adquirieron autopercepción (y todas las demás consecuencias recién tratadas), pueden comenzar a dirigir el curso de la formación de su identidad. Ellos toman decisiones y ven las implicancias de quiénes son y en quiénes se están convirtiendo. Comienzan a especular sobre quiénes quieren ser, no solo en lo que respecta a qué carrera les gustaría seguir algún día, sino también en lo que respecta a qué tipo de persona quieren ser y qué tipo de persona quieren que los demás vean en ellos. En otras palabras, la adolescencia provee la oportunidad de elegir en quién nos convertimos.

Es por esto que la identidad es una tarea tan importante en la adolescencia. La realidad es que para el momento en que un adolescente llega cerca de los 25 años, su identidad se habrá formado casi por completo. (Y, recuerda, este es el punto central de por qué la cultura les da a los adolescentes una tregua entre la infancia y la edad adulta). Claro, todos continuamos formando y refinando nuestras identidades durante la edad adulta, pero el trabajo central de la formación está hecho. El curso está casi completamente establecido.

Autonomía

La palabra *autonomía* se refiere simplemente a la separación de algo, a su independencia. En términos de desarrollo de los adolescentes, la autonomía consiste en lidiar con las preguntas «¿En qué forma soy único y diferente?» y «¿Cuál es mi contribución especial?»

Los adolescentes están tratando con todas sus fuerzas de averiguar quiénes son, haciéndose tres preguntas: *1. ¿En qué lugar del planeta encajo? 2. ¿Quién soy yo? 3. ¿Soy importante?* ¿Qué tal si unos pocos adultos les acompañan para afirmar este proceso de la adolescencia? ¿Cuán fantástico sería que los adultos ayudaran en el viaje adolescente?
Nosotros los líderes juveniles muy frecuentemente les decimos a los adolescentes en qué pensamos que deberían convertirse. Más bien deberíamos afirmarlos en aquello en lo que se están convirtiendo. *–jeremy z*

Recuerdo haber escuchado a un orador decir que una generación atrás, la gente tendía primero a encontrar a Jesús, y después a encontrar una iglesia a la cual pertenecer. Ahora la tendencia es primero a buscar pertenencia dentro de la iglesia, y después (una vez que han encontrado pertenencia) a encontrar a Jesús. Estoy extrapolando a partir de esto que los jóvenes también están buscando un lugar de pertenencia. Puede ser una iglesia, puede ser una pandilla.
Necesitamos ofrecer un lugar positivo, seguro, de abrigo, en el cual Jesús sea presentado de manera cariñosa y paciente. Necesitamos glorificar a Jesús, pero no golpear a los chicos con él. Veo a este deseo de pertenencia como la afinidad que estás describiendo. *–Dave*

Le pedí ayuda al Dr. Chap Clark para definir *autonomía*, y me dio esta respuesta que es de gran ayuda: «La esencia del desarrollo de la autonomía es la adquisición y aplicación del poder personal, o más técnicamente, *la capacidad de actuar*. Eso significa que los chicos no solo están en el difícil viaje de descubrir quiénes son, sino que en última instancia también necesitan creer que son importantes, que son agentes con poder, y que el mundo los necesita»[23].

Puede verse fácilmente cómo esto está directa y completamente vinculado con el crecimiento en el pensamiento abstracto del que acabamos de hablar. Los niños pueden verse a sí mismos como únicos en alguna(s) forma(s). Sin embargo, el desarrollo cognitivo y el pensamiento abstracto, además, permiten la comparación y la percepción de la tercera persona. Los niños se definirán en primer lugar a sí mismos *en relación* a los demás (por lo general, la familia). Sin embargo, los adolescentes comienzan a definirse a sí mismos *en oposición* a los demás (¡a menudo, *especialmente* sus familias!). Los adolescentes constantemente están elaborando conclusiones (correctas o incorrectas) sobre los demás, y definiéndose a sí mismos *en contra* de esas conclusiones. «Yo no soy como él (o ella o ellos)», se torna importante para la tarea de la autonomía.

La constante tensión en el ministerio juvenil parece ser la anterior generación de adolescentes, es decir, aquellos cuyo interés principal estaba en la autonomía. Y no pueden entender por qué hacemos hincapié en algo diferente. Casi parece como si la autonomía que ellos desearon los ha seguido hasta sus hogares, y ahora sus hijos se están preguntando: «Si en casa cada uno es simplemente un individuo, ¿a dónde puedo pertenecer yo?» *–Jake*

Parece como si el dirigir un ministerio juvenil siempre debiera estar basado en: «¿Quiénes son estos chicos?» y «¿Cuáles son sus historias?» Este pareciera ser el punto de partida para tratar de trabajar exitosamente con las tareas de identidad, autonomía y afinidad, porque en última instancia sus historias son las que necesitan ser contadas... no las nuestras. Pero no tengo otra metodología para eso, aparte de la experimentación y la capacidad de respuesta instintiva. ¿Existe una forma mejor? *–tash*

En términos psicológicos, esto es a menudo citado como *individualización.* El proceso de individualización es convertirse en uno mismo, un ser único, y separado de los demás. Este proceso trata fundamentalmente (aunque no exclusivamente) el tema de la separación de la propia familia.

Mezclada en esta progresión se encuentra la pregunta auxiliar: «¿Cuál es mi contribución única?»[24]. Esta es la compañera que, como en una danza, se mueve y da vueltas junto a la pregunta: «¿Cómo es que soy único?», ya que las dos se comunican constantemente entre sí y se ayudan mutuamente a progresar. La «contribución» de la que habla la primera pregunta se manifiesta en una variedad de ámbitos: familia, amigos y otras relaciones, escuela, grupo de jóvenes, la comunidad, y el mundo entero. Cuando una adolescente comienza a ver su singularidad, está mejor equipada para entender su rol e influencia en las relaciones y en el mundo que la rodea. Y en la medida en que comience a ver cómo esa influencia se manifiesta en sus relaciones y en el mundo que la rodea, estará mejor equipada para captar su singularidad.

Marko, ¿no se produce una concentración innecesaria de atención en uno mismo cuando uno se enfoca en la afinidad? Pienso en todos esos versículos que nos hablan de morir a nosotros mismos, de menguar (para que Jesús pueda crecer), de mirar las necesidades de los demás antes que las nuestras, etc., y entonces me pregunto cómo encaja eso en tu idea de la afinidad. *–Curtis McGill*

Curtis, creo que estás haciendo una suposición falsa al decir que la afinidad es una tarea egoísta (o en algún modo más egoísta que las otras dos... en realidad, todas tratan sobre el yo, lo que es una parte natural del diseño de Dios para el desarrollo de los adolescentes). La afinidad se trata de encontrar a dónde y a quién pertenecemos. *–Marko*

Marko, estoy de acuerdo con que ellos necesitan encontrar a quién y a dónde pertenecen. ¿Debería ser este el punto clave de la transición? No estoy de acuerdo con que nuestro enfoque en nosotros mismos sea diseñado por Dios. Es el resultado de la caída. Sin embargo, es una parte de la humanidad que necesitamos trabajar y entender. Quizás pasamos demasiado tiempo persiguiendo a una cultura que siempre está cambiando. *–Curtis McGill*

Afinidad

Afinidad, como palabra, simplemente significa semejanza o atracción. Lo utilizamos en un sentido relacionado con el desarrollo para referirnos a las conexiones de las personas con otros que son de alguna manera como ellos. Esta «semejanza» puede ser externa (un chico adolescente puede encontrar afinidad con chicos que practican skateboard, o ciencias, o una chica adolescente puede encontrar afinidad con un grupo de chicas a las que les gusta cierto estilo de música). Pero la semejanza también puede ser más interna. Un adolescente puede encontrar afinidad con otros que comparten los mismos valores o la misma perspectiva en la vida. O un adolescente puede encontrar afinidad con su familia, basada en las experiencias compartidas y en su historia.

Esta última tarea de la adolescencia casi pareciera estar en oposición con la tarea de la autonomía. Pero, en realidad, van de la mano: dos opuestos aparentes en una danza dependiente, en busca de identidad. La autonomía y la afinidad son, en realidad, el yin y el yang de la formación de la identidad, informando y dando un marco a esa primera tarea.

> La afinidad es un paso crucial en el desarrollo de la adolescencia. Pero, ¿cómo responderá la iglesia? ¿Encomendaremos al pastor de jóvenes la responsabilidad de ser el único pastor para nuestros jóvenes? ¿O compartirá el pastor de jóvenes esta responsabilidad con la congregación? Es maravilloso ofrecer a los jóvenes un lugar «seguro» al cual pertenecer en los ministerios juveniles... pero si no les damos un lugar al cual pertenecer después de que se gradúen de la escuela secundaria (¡no nos olvidemos de la adolescencia extendida!), entonces habremos fracasado miserablemente. Es crucial que los adultos y las familias alcancen a los jóvenes y los hagan parte de sus vidas. *–Ben*
>
> No puedo dejar de pensar en que nuestro modelo para practicar el arte de estar presentes está justo en la historia de Emaús, en Lucas 24:13-35... en el hecho de que cuando nos detenemos y escuchamos, comenzamos a ver a Dios ser Dios, y a reconocer que Dios trabaja incluso en el medio del camino que Cristo nos llama a transitar. *–KC*

Es fácil ver en los adolescentes esta búsqueda de afinidad. Ellos desean desesperadamente ser incluidos, ser parte de una red social, sentir como si pertenecieran a alguna parte. Los jóvenes y los adolescentes de preparatoria, especialmente, suelen tener múltiples grupos de afinidad a los que pertenecen (o aspiran pertenecer). Todo esto es una parte normal (a veces saludable, a veces no) del proceso de descubrir quiénes son.

Mientras escribo esto, mi esposa y yo estamos cada vez más conscientes de este proceso en la vida

Donde veo el colapso de los jóvenes (y de muchos adultos), es cuando piensan que ciertos grupos de afinidad son impíos. Por la razón que sea (ya bien la cultura, las dinámicas de grupo, el egoísmo, o el miedo), ciertos grupos de afinidad son vistos como grupos vacíos de Dios. Por alguna razón ahora esperamos, permitimos y nos sentimos cómodos con esta línea de pensamiento. Por ejemplo, «Dios está en un campamento, pero no en la escuela», o «Dios está en el grupo de jóvenes, pero no en el cine», o «Dios está cerca cuando estoy con mi familia, pero no cuando estoy con mis amigos».

Lo que he estado tratando de afirmar y fomentar entre mis adolescentes es la realidad de que en cada situación/grupo en que se encuentren, Dios está presente y activo.

Tu último párrafo acerca de Liesl siendo «tres chicas diferentes» realmente da en el clavo. He estado diciéndoles constantemente a mis hijos que sean la misma persona en cada grupo. Quizás esto sea un error. A pesar de todo, me parece que cuando la identidad y la autonomía de un chico están en construcción, nosotros como líderes juveniles necesitamos hacer todo lo posible para ayudar a nuestros jóvenes a entender que aun cuando sus grupos de afinidad tienen diferentes identidades, Cristo anhela que lo coloquen en el centro de sus vidas. *–Tom*

de nuestra hija de 14 años de edad. Liesl tiene afinidad con sus amigos de la iglesia (y en particular con su pequeño grupo de chicos en edad de escuela secundaria, en la iglesia). Ella encuentra afinidad con un grupo en particular de amigos en la escuela. Y encuentra afinidad con nuestra familia. Estamos descubriendo cómo ella es tres chicas diferentes, en muchos sentidos, dentro de estos tres escenarios: Cautelosa, aunque comprometida, en el primero; efervescente y poco refinada en el segundo, y amorosa pero distante en casa. Si ella fuera un adulto, probablemente diríamos que está siendo poco sincera en al menos uno, si no es que en dos de esos escenarios, y que solo uno de ellos saca a relucir su verdadero yo. Sin embargo, siendo una adolescente, Liesl es todas esas tres chicas juntas, viviendo dentro de (así como *también* enfrentándose a) las tres, para poder definirse a sí misma[25].

Una propuesta para enmarcar el cambio

Tengo una idea sobre la cual descansa el resto de este libro. Creo que la prueba para ella es evidente en la cultura juvenil, visible para cualquier persona que observe con avidez las cambiantes vidas de los adolescentes en general.

Mi idea es la siguiente: Si bien estas tres tareas de la adolescencia (identidad, autonomía y afinidad) han seguido siendo el pozo de barro de la lucha libre de la definición de la experiencia adolescente, *la priorización de las tres ha cambiado a través de las distintas épocas de la cultura juvenil moderna.*

En los primeros días de la cultura juvenil moderna (desde luego de la Segunda Guerra Mundial hasta fines de los años '60), la *identidad* se encontraba en el primer lugar de la lista de prioridades para la adolescencia en general.

Una vez que la cultura juvenil fue ampliamente aceptada y que hubo desempeñado un rol más importante en la cultura occidental en general (desde los años '70 hasta finales del siglo veinte), la *autonomía* pasó a ser el punto de máxima prioridad.

Y ahora, en esta era postmilenio en la que nos encontramos nosotros, el predominio de la cultura juvenil (un cambio en el cual la cultura juvenil se ha convertido en la cultura dominante de nuestro mundo) ha trasladado a la *afinidad* a la cabeza.

Voy a desarrollar este concepto más adelante en el próximo capítulo, pero voy a tocar este punto ahora: *Es aquí donde el ministerio juvenil está fallando.* Nos adaptamos al primer cambio en las prioridades (de la *identidad* a la *autonomía*), pero hemos sido lentos en nuestra respuesta al segundo cambio (de la *autonomía* a la *afinidad*). Los ministerios juveniles se construyen sobre premisas, valores y métodos que

Resumen

Las tres tareas de la adolescencia son:

- **Identidad:** «¿Quién soy?»
- **Autonomía:** «¿Cómo puedo ser único y diferente?» y «¿Cuál es mi contribución única?»
- **Afinidad:** «¿A dónde y a quién pertenezco?»

están pasados de moda para los adolescentes a quienes apasionadamente deseamos servir hoy.

Capítulo 3

MINISTERIO JUVENIL 1.0

DESDE EL FIN DE LA SEGUNDA GUERRA MUNDIAL HASTA LOS AÑOS '60

Quiero mirar hacia atrás, repasando muy brevemente la historia del movimiento del ministerio juvenil moderno[26]. Pero es importante recordar que, aun cuando es fácil el criticar desde nuestra perspectiva, estos líderes juveniles fueron revolucionarios. Ellos trataban de ser fieles a su llamado de conectar a los adolescentes con Jesús en el contexto de la cultura de su tiempo.

Ministerio Juvenil 1.0

Aunque la adolescencia fue identificada a principios de los 1900, una amplia variedad de «movimientos juveniles» ya habían surgido y desaparecido en Norte América, el Reino Unido, y Europa continental, desde mediados de los 1800[27]. «La cultura juvenil», como una subcultura establecida y ampliamente reconocida, realmente no existió hasta después de la Segunda Guerra Mundial, cuando la desilusión de la postguerra, combinada con la estabilidad financiera de los años '50, dio lugar a una subcultura definida, en la superficie, por la música, la ropa, los autos y las estrellas de cine. Pero bajo la superficie, esta nueva subcultura se trataba más de libertad, actitud, poder adquisitivo (una variable que a menudo formaliza y calcifica a un subgrupo cultural, ya que el marketing y el dinero están normalmente enfocados a ese grupo en particular, creando así el efecto cíclico de legitimizarlo y convertirlo así en un grupo de mayor adquisición), y de... identidad.[28]

Los líderes juveniles cristianos comenzaron a surgir, sintiendo un radical llamado misionero de alcanzar a los adolescentes para Jesús. Esto realmente fue obra misionera: Los primeros líderes juveniles se vieron a sí mismos (y con razón) como un puente hacia una cultura extranjera con su propio idioma, valores y códigos de conducta. Es útil señalar que estos primeros líderes juveniles no intentaron convertirse en adolescentes (ni vestirse, ni actuar como adolescentes), así como un buen misionero extranjero entiende que él es un visitante.

Esto es lo raro acerca del nexo de nuestro ministerio juvenil (uso «nuestro» como un líder juvenil que se apropia de esto como si fuera la historia de mi tribu): Las iglesias, en general, fueron lentas para responder al surgimiento de la cultura juvenil (qué sorpresa). Las iglesias y los líderes de las iglesias equipararon a la cultura juvenil con actividades pecaminosas, o al menos actividades insanas y actitudes rebeldes. Por lo tanto, aquellos primeros líderes juveniles pioneros que sabían que tenían que ser fieles a su llamado encontraron, en gran medida, que tenían que ejercer el ministerio juvenil fuera del contexto de la iglesia local.

Así surgen Juventud para Cristo[29], Vida Estudiantil (Young Life)[30], y una serie de otras organizaciones y evangelistas juveniles paraeclesiásticos. Recuerda, estos no eran la Juventud para Cristo ni la Vida Estudiantil de hoy (o incluso de los últimos 25 años), con grupos estudiantiles y líderes juveniles dispuestos a relacionarse. Estos eran (en su mayoría) hombres blancos vestidos de traje y corbata, predicando (haciendo uso del tipo de comunicación que dictaba la cultura de aquellos días) a salas llenas de adolescentes. Imagina una reunión, una cruzada evangelística, o una clase de Escuela Dominical de jóvenes, en las que hombres de traje y corbata predican a una audiencia de adolescentes impacientes, tratando de abordar los problemas reales del mundo juvenil.

Los adolescentes cristianos especialmente, y los adolescentes en general, reaccionaban con entusiasmo a este esfuerzo misionero, porque estaban totalmente desacostumbrados a escuchar adultos, salvo los músicos y las estrellas de cine, que les hablaran sobre sus temas en su propio idioma, y de una manera que no fuera exclusivamente peyorativa ni condescendiente.

Volviendo a mi idea de que las tres tareas de la adolescencia se han reorganizado con una priorización diferente en cada una de estas eras, la cultura juvenil, en general, estaba **enfocada en la identidad**. No es que la autonomía y la afinidad no fuesen importantes; de seguro lo eran. Pero la identidad era la tarea *du jour* (del día). La cultura juvenil tenía ese nuevo brillo, como recién salida de la fábrica de la cultura. Era algo aún no definido y que recién salía a la luz. Esta (si pudiera personificar a la cultura juvenil por un momento) no tenía un sentido de sí misma aún, y recién había tomado conocimiento de sí misma.

Aquellos primeros misioneros en el ministerio juvenil respondieron correctamente a la cultura juvenil al permitirle influir sobre el **lenguaje** y los **temas** del ministerio juvenil.

Por supuesto, es una generalización decir que había «temas clave» del ministerio juvenil en esta época. Y, para ser justos, nadie reunió a un grupo de los primeros líderes juveniles y les pidió que hicieran una lluvia de ideas y votaran sobre los temas clave.

Pero yo sugeriría que los temas clave en el Ministerio Juvenil 1.0 eran la **evangelización** y la **corrección**.

Evangelización

Los primeros líderes juveniles cristianos se vieron a sí mismos como misioneros de la cultura juvenil. Y vieron su tarea, o llamado, principalmente en términos de llevar el evangelio, en un lenguaje y con ejemplos culturalmente comprensibles, a un grupo de personas no alcanzadas[31]. Y lo hicieron. Estos esfuerzos evangelísticos fueron muy exitosos. (Y por muchas razones, de entre las cuales estoy seguro no era menor el ya mencionado hambre de los adolescentes de tener a adultos que hablaran con ellos en su propio idioma, en sus propios términos).

> No estoy de acuerdo. Todavía estamos hablando de los males de la «cultura juvenil» y los padres todavía nos traen a sus hijos para que los salvemos de los males de la cultura juvenil (al mismo tiempo que la defienden en cierta medida en sus propios hogares) y, tal como uno de los más grandes de entre nosotros dijo, «para que sean buenos». Todavía estamos haciendo ministerio juvenil como si no entendiéramos ese cambio o esa tarea de la adolescencia. Es como un péndulo entre la percepción y la realidad. Percepción: Esto es lo que me alcanzó a mí, por lo tanto, servirá para alcanzar a aquellos de la misma edad que yo tenía cuando lo escuché. Realidad: Incluso aquellos de nosotros que tenemos entre 20 y 25 años nos estamos dando cuenta de que la cultura de la cual provenimos es drásticamente diferente a la de hoy. Nos gustaría que fuera la misma, pero debemos enfrentarnos con realidad. *–Jess*

Corrección

Pero oculto dentro de estos apropiados mensajes juveniles había un prejuicio subyacente de que la cultura juvenil era mala[32]. La cultura juvenil, y los jóvenes que la poblaban, necesitaban corrección, necesitaban alejarse de los males de la cultura juvenil (rebeldía, ociosidad, carnalidad, libertinaje, música perversa, y una lista mucho más larga). Ciertamente, hoy continuamos «predicando» algunos de esos mensajes, y por una buena razón. Pero también hemos crecido en nuestra comprensión del desarrollo y la experiencia adolescente, y sabemos que algunas de las cosas que se caracterizan como «malas», no son más que luchas de los adolescentes con la identidad, la autonomía y la afinidad.

Es interesante que los primeros líderes juveniles *no* estaban preocupados con la forma de vestir, o hablar, o con las nuevas libertades que los adolescentes tenían. Esto era visto dentro de una realidad cultural neutral de «es lo que es».

Para cada una de las tres épocas, he luchado por encontrar un «motivador» para el ministerio juvenil, y los dos primeros vinieron a mí con bastante facilidad. Durante el Ministerio Juvenil 1.0, el ministerio juvenil fue principalmente **motivado por la proclamación.** Los grupos pequeños en realidad todavía no existían (no en la forma en que hablamos de ellos o los usamos hoy). Un plan de estudios creativo, juegos y viajes misioneros, y todo el resto de lo que ha crecido como una industria dentro de la iglesia, no se estaban utilizando en tan gran medida. El ministerio juvenil consistía principalmente de predicar a los adolescentes.

Es poco justo declarar temas clave para una era de la cultura juvenil; nadie reunía a Billy Graham y a sus amigos para elegir un versículo lema para sus esfuerzos. Pero si yo pudiera elegir uno para ellos, con el beneficio de hacerlo en retrospectiva, elegiría Mateo 7:13-14:

«Entren por la puerta estrecha. Porque es ancha la puerta y espacioso el camino que conduce a la destrucción, y muchos entran por ella. Pero estrecha es la puerta y angosto el camino que conduce a la vida, y son pocos los que la encuentran».

	Ministerio Juvenil 1.0	Ministerio Juvenil 2.0	Ministerio Juvenil 3.0
Cultura juvenil enfocada en	identidad		
Influencia de la cultura sobre el ministerio juvenil	lenguaje y temas		
Temas clave	evangelización y corrección		
Motivador	proclamación		
Versículo lema	Mateo 7:13-14		

Luego, a finales de los '60 y principios de los '70, algunos líderes juveniles comenzaron a pensar: *Esto no está funcionando. Algo está mal.* Esta segunda oleada de líderes juveniles dio paso a lo que estoy llamando el Ministerio Juvenil 2.0.

Paralelos en las iglesias principales

Antes de continuar, me gustaría dar un paso a un lado por un momento y reconocer que mucho de lo que he escrito aquí es un panorama generalizado y simplista del ministerio juvenil evangélico durante esta época. Una historia paralela se estaba desarrollando en las principales iglesias, y este punto entre el Ministerio Juvenil 1.0 y el 2.0 es un buen lugar para mencionarla, ya que su historia se entrelaza hacia la siguiente época.

> Hemos visto al ministerio juvenil cambiar a través de los años para dar cabida a las necesidades que se han observado en la cultura juvenil. Después de todo, consideraron sacar la escuela bíblica a fines del siglo 20 cuando falló en lograr su objetivo de desarrollar el carácter de los jóvenes. Estoy agradecido de que el cambio no se haya detenido, de que estemos activos en nuestra búsqueda de Cristo, y de que hayamos continuado sumergiéndonos en una cultura que muchos de nosotros dejamos atrás cuando era muy diferente. –*Jess*

Mientras el Ministerio Juvenil 1.0 tomaba forma y comenzaba a ganar aceptación en las iglesias, hubo un año decisivo para los principales ministerios juveniles: 1965. En ese año, el Consejo Mundial de Iglesias (CMI) publicó una declaración alentando a las iglesias a desmantelar sus ministerios juveniles[33]. Su advertencia fue bastante perspicaz: Les preocupaba que los ministerios juveniles se estuvieran convirtiendo en ministerios tipo guetos y aislados (qué asombroso presagio de lo que estaba por venir en el Ministerio Juvenil 2.0), e insistieron en que la juventud debía integrarse a toda la iglesia.

Por desgracia, como dice mi amiga la Dra. Kenda Dean (profesora de ministros juveniles en el Seminario Teológico de Princeton), las principales denominaciones (casi toda la junta) tomaron esto como un permiso para cortar los programas y los presupuestos de los ministerios juveniles a nivel denominacional y no reemplazarlos con ningún esfuerzo intencional referido a la parte de la sugerencia del Consejo Mundial de Iglesias (CMI) que hablaba de la integración. Según Kenda, la consiguiente disminución en la asistencia a las iglesias de las principales corrientes o denominaciones, específicamente a principios de los años `80, condujo a la eliminación de los fragmentos restantes de la presencia del ministerio juvenil a niveles denominacionales[34].

En estos años de transición (los primeros años del Ministerio Juvenil 2.0), muchos líderes juveniles con afiliaciones tradicionales se vieron a sí mismos creciendo y, en ocasiones, trabajando en ministerios juveniles evangélicos paraeclesiásticos. Cuando comenzaron a ingresar ministerios juveniles a la iglesia (las iglesias principales todavía contrataban pastores de jóvenes a diestra y siniestra, como la iglesia evangélica, durante el Ministerio Juvenil 2.0), trajeron con ellos lo que Andy Root llama «la caja de herramientas personal del ministerio relacional», desarrollada en ministerios evangélicos paraeclesiásticos a finales del Ministerio Juvenil 1.0 y a principios del Ministerio Juvenil 2.0[35]. Estos líderes juveniles, con sus asociaciones y teología tradicionales, fueron fuertemente influenciados por Especialidades Juveniles y el *Group Magazine*, ya que (por pragmáticos que los líderes juveniles tendieran a ser) estos eran los únicos recursos disponibles en aquel tiempo.

Como resultado de ello, las vías paralelas de los ministerios juveniles tradicionales y evangélicos se unieron en el Ministerio Juvenil 2.0.

Capítulo 4

MINISTERIO JUVENIL 2.0
DESDE LOS AÑOS '70 HASTA EL FINAL DEL SIGLO

A fines de los años `60, la cultura juvenil pasó a tener su propia identidad. Ya no había más poses. (Piensa: Beatles de principios de los `60, de traje y con melenas cortas; Beatles de finales de los `60, con ropas hippies psicodélicas y pelo largo). Claramente, ocurrió un cambio. Los adolescentes no tenían memoria de una época en la que no todo el mundo iba a la preparatoria, no recordaban un tiempo en el que se esperaba que todos los niños hicieran lo que los adultos les decían, no recordaban un mundo sin su propia música, estilos, valores y celebridades. En la mente de un adolescente de los años `70, la cultura juvenil siempre había existido.

Las iglesias finalmente estaban despertando a la necesidad de un ministerio juvenil y yendo más allá de ofrecer solo una clase de Escuela Dominical para «personas jóvenes». Los grupos juveniles surgieron en el escenario de la iglesia, y las iglesias comenzaron a contratar pastores de jóvenes a diestra y siniestra[36]. Las organizaciones paraeclesiásticas de ministerio juvenil comenzaron a enfocarse más en los chicos de afuera de la iglesia, y las iglesias comenzaron a utilizar los métodos elaborados por aquellos líderes juveniles paraeclesiásticos en un contexto seguro y a salvo dentro de las paredes de su iglesia.

Yo soy un hijo de este cambio. La gran iglesia a la que asistía en la zona de Detroit siempre tuvo un programa activo para los jóvenes. Pero fue cuando yo tenía alrededor de 13 o 14 años (entre principios y mediados de los '70) que nuestra iglesia contrató a su primer pastor de jóvenes, quien era responsable solo de los adolescentes mayores[37]. (Nosotros, los pobres menores de 15 años, seguíamos atascados en el sistema de «solamente Escuela Dominical para ustedes»).

Nuestro grupo de jóvenes aún asistía a la ocasional reunión de Juventud para Cristo (o Voice of Christian Youth), que era un vestigio del Ministerio Juvenil 1.0. Pero para el tiempo en que llegué a ser un «adolescente mayor» estas reuniones habían dejado de existir, o nosotros simplemente dejamos de asistir a ellas. No las necesitábamos: teníamos un grupo grande de jóvenes en pleno funcionamiento, que cubría la totalidad de nuestras necesidades de programación (como también las necesidades de nuestra formación espiritual, supongo). Éramos autosuficientes y activos con un completo surtido de retiros, campamentos, paseos para esquiar, paseos en bicicleta, viajes misioneros, programas entre semana, exámenes bíblicos, coro de adolescentes, vigilias, y todo lo que un gran ministerio juvenil pudiera soñar en los años '80.

El nacimiento de Especialidades Juveniles

El ministerio que dirijo, Especialidades Juveniles, nació a principios de esta época. Y los fundadores de Especialidades Juveniles, Mike Yaconelli y Wayne Rice, desempeñaron un rol, el de ir a la delantera, en este cambio de época. Tanto Mike como Wayne habían sido participantes activos del Ministerio Juvenil 1.0, mientras trabajaban para Juventud para Cristo en la zona de San Diego. Ellos habían improvisado una especie de amistad, basada en un llamado común y una frustración común con la iglesia. Pero cuando sintieron que las organizaciones paraeclesiásticas que ellos amaban se calcificaban, mientras que las iglesias estaban contratando pastores de jóvenes, ambos ingresaron en los equipos de iglesias locales.

Pero justo antes de que Mike y Wayne abandonaran sus funciones paraeclesiásticas, ellos habían desarrollado algunos enfoques revolucionarios (en aquel entonces) para el ministerio juvenil, que tenían menos que ver con la predicación y más que ver con la creación de una comunidad en un grupo de adolescentes, con interactuar con ellos en un diálogo real sobre temas reales de adolescentes, con ayudarlos a vivir el evangelio *en* su propia cultura (en lugar de animarlos a salir de ella), y con profundizar en la comprensión del desarrollo adolescente y cómo ésta debería afectar todo lo que hicieran en el ministerio juvenil. Mike y Wayne habían escrito estas «ideas» como el primer Manual de Vida Estudiantil para Juventud para Cristo.

¿Dónde están todos esos locos líderes juveniles de los años 70 y 80? Ellos tienen una riqueza de experiencia y sabiduría para compartir con nosotros, pero, ¿qué pasó con ellos? ¿Acaso todos ellos fueron expulsados por la política de las alfombras manchadas por los jugos en polvo? ¿Acaso se sientan y tienen reuniones para discutir lo que hubiera pasado si alguien simplemente hubiera dicho «gracias»? ¿Acaso los estilos de ministerio y las cuestiones de programación los superaron? ¿Solo estaban trabajando para llegar al pastorado principal, y vieron al ministerio juvenil como un trampolín para esto? ¿A dónde se fueron? No tengo estas respuestas. Desearía tenerlas. También desearía que estos líderes juveniles regresaran y nos ayudaran a los jóvenes veteranos... y a los novatos que están comenzando a trabajar a nuestro lado. La iglesia realmente podría utilizar sus habilidades, dones y talentos. ¡Ojalá supiera cómo convencerlos de que vengan de nuevo! –*Scott Riley*

Ahora bien, yo tengo un profundo respeto por Juventud para Cristo, y me siento muy animado por su liderazgo el día de hoy. Pero (y hemos bromeado sobre esto juntos) si no fuera por lo que pasó después y por la terquedad de Juventud para Cristo en ese momento, Especialidades Juveniles no existiría.

Mike y Wayne querían poner a disposición de otros líderes juveniles de las iglesias su pequeña colección de ideas, y le pidieron a JPC las cosas que habían escrito. Cuando JPC les negó su petición, Mike y Wayne se dispusieron agresivamente a reescribirlas por completo, haciéndolo mucho mejor que antes.

En 1969, Mike y Wayne hicieron a mano ciento y tantas copias de este nuevo libro, al cual, (no muy) creativamente titularon *Ideas*. (La *Biblioteca de Ideas* continúa siendo una parte importante del esfuerzo de publicación de Especialidades Juveniles hasta el día de hoy). Mike escribió a máquina una copia y los imprimió en un mimeógrafo de su iglesia. Wayne hizo las cubiertas con serigrafía, en carpetas compradas en una tienda.

Se llevaron los libros a una reunión de líderes juveniles en el Centro de Conferencias Cristiano «Forest Home» (el entonces «Campamento Forest Home»), en las montañas a las afueras de Los Ángeles, y literalmente los vendieron desde el portamaletas de su auto. Vendieron todos.

Fue entonces cuando estos dos pioneros se dieron cuenta de que existía una enorme necesidad de recursos para los líderes juveniles de la iglesia, y nació Especialidades Juveniles[38].

La masificación de la cultura juvenil y la respuesta de los adolescentes

Volvamos por un momento a la cultura juvenil en general. A medida que nos acostumbramos al emergente dominio de la cultura juvenil, industrias enteras surgieron para satisfacer la creciente demanda de la cultura juvenil[39]. En resumen, la cultura juvenil se volvió comercial. Y esa mercantilización reforzó pero también masificó a esta creciente y cada vez más poderosa subcultura.

Pasó algo gracioso: La mercantilización de la cultura juvenil, me permito sugerir, dio lugar a la confianza de la cultura juvenil. En un una forma personificada, la cultura juvenil tenía la tarea de la identidad bastante elaborada. Sabía quién era. Y esto fue confirmado tanto por los comerciantes que babeaban por los dólares de los adolescentes, así como por los padres, iglesias y casi todas las otras organizaciones dirigidas por adultos, que reaccionaron *en contra* de los aspectos de la cultura juvenil. Para muchos adultos, la cultura juvenil era como la pornografía: Frecuentemente ridiculizada en las apariencias, pero practicada en lo secreto. Y esto confirmó la comprensión de sí misma que tenía la cultura juvenil.

Este es el cuándo y el por qué cambió la priorización de las tareas de los adolescentes. Con un claro sentido de identidad, una sensación de confianza, y un lugar indiscutido en la conciencia de la sociedad, la cultura juvenil inició un esfuerzo más serio por definirse a sí misma *en oposición* a la cultura en general. Esto en realidad está en el mismísimo ADN de la cultura juvenil... siempre trabajará para convertirse en «otra» y única, siempre mutará para seguir siendo contracultural y rebelde[40].

Por supuesto, la identidad y la afinidad todavía eran tareas cruciales de la adolescencia, para la cultura juvenil en general, y ciertamente para cada adolescente, pero la más alta prioridad, el foco, cambió hacia la **autonomía**. Esto tiene sentido, ¿cierto? Si toda la nación está reconociendo a la cultura juvenil, y muchos incluso están clamando por ella, entonces la cultura juvenil tiene que poner una alta prioridad en encontrar su singularidad (y, de una manera positiva, encontrar su contribución particular) con el fin de mantener su recién formada, pero aún adaptable, identidad.

La iglesia responde con el Ministerio Juvenil 2.0

Este cambio, creo yo, es a lo que los líderes juveniles revolucionarios del Ministerio Juvenil 2.0 estaban respondiendo. Con una pasión por permanecer fieles a su llamado de alcanzar a adolescentes con el evangelio transformador, un puñado de líderes juveniles comenzaron a dar pasos hacia nuevas formas de ministerio juvenil, para conectarse con adolescentes en una cultura cambiante. Las relaciones comenzaron a tener éxito en la predicación juvenil, y surgieron los grupos de jóvenes... porque, al final, ¿qué es un grupo de jóvenes sino una iglesia dentro de una iglesia, una «iglesia juvenil» semi-conectada a la organización entera, pero claramente diferente?

Simultáneamente con este cambio en la cultura juvenil, las iglesias, en general, estaban experimentando un cambio importante. El compromiso evangélico con la cultura, y la obsesión de la cultura en general tanto con la mecanización como con los modelos de negocio exitosos, dieron paso a una gran cantidad de nuevos pensamientos en la iglesia. *Discipulado* se convirtió en una palabra clave, junto con *iglecrecimiento,* y todo era sistemáticamente medido[41].

Entonces, ¿qué pasa cuando tienes a un grupo de jóvenes que cuenta (ahora) con recursos y que tiene su propia identidad, y una iglesia que está enamorada de los sistemas y las medidas? El Ministerio Juvenil 2.0 permitió que la cultura diera forma a sus modelos y a sus éxitos. Me doy cuenta de que esta es una declaración bastante negativa, pero permíteme añadir que este es el tipo de ministerio juvenil en el cual crecí y al cual amé, y es el tipo de ministerio juvenil que lideré como pastor de jóvenes durante muchos, muchos años. Y estábamos convencidos de que era la mejor respuesta a la cultura en que vivíamos. Es un poco como el asiento caliente que describí en la introducción: No estoy seguro exactamente de por qué en su momento pensamos que era una buena idea, pero estábamos tratando apasionadamente de vivir nuestro llamado al ministerio juvenil en medio de una cultura general y de una cultura juvenil obsesionadas con estas cosas, así que esto fue lo que se nos ocurró.

En un aspecto más positivo (al menos parcialmente positivo), los temas claves en el Ministerio Juvenil 2.0 pasaron de la evangelización y la corrección al **discipulado** y a la **creación de un grupo de pares positivo**[42]. En un buen día, en un buen ministerio juvenil, esto se trataba de ayudar a los adolescentes, en un contexto de comunidad, a formar su vida espiritual en Cristo. El lado oscuro fue la creación del grupo de jóvenes que solo existe para sí mismo (que es, desafortunadamente, todavía muy común). Y si bien el paso al tema de la creación de un grupo de pares positivo podría sonar como una afinidad forzada, este tema fue más bien impulsado por el darle prioridad a la autonomía. Los líderes juveniles clamaban por

Recuerdo claramente cuando era un estudiante de secundaria en el grupo de jóvenes de la iglesia de mi familia. Yo estaba interesado en el ministerio juvenil como carrera, así es que tuve el privilegio de reunirme regularmente casi todas las semanas con mi pastor de jóvenes. Durante esas reuniones, él admitió que se sentía frustrado por nuestro grupo. Teníamos un excelente grupo de jóvenes, y muy unido... pero mi pastor de jóvenes siempre estaba un poco descontento porque él sentía como si todavía nos faltara algo. Teníamos grandiosos programas, una talentosa banda de alabanza, un grupo de líderes juveniles voluntarios de alto nivel, y jóvenes deseosos de participar. Pero había días en que parecía que todo tenía que ver con el grupo de jóvenes, y no tanto con aquellos que estaban fuera de nuestro grupo.

Mi pastor de jóvenes venía de un Ministerio Juvenil 1.0 muy evangelístico, y el aspecto del evangelismo, de «invitar a otros a ser parte», definitivamente no estaba presente en nuestro modelo de Ministerio Juvenil 2.0. Mirando hacia atrás, podría afirmar con seguridad que mi pastor de jóvenes anhelaba algo del pasado, insatisfecho por el estado actual del ministerio juvenil... y sin estar muy seguro de cómo continuar. ¿Cuántos de nosotros, pasados los años, aún sentimos ese malestar? *–Ben*

desarrollar iglesias juveniles (dentro de la iglesia) que estuvieran levemente ligadas, pero funcionalmente separadas (y con autonomía) de la iglesia que los albergaba y financiaba.

Las ideas revolucionarias sobre cómo conectarse con adolescentes de manera real se volvieron un bien de consumo masivo (Especialidades Juveniles tuvo el papel de ir a la cabeza en esto), y el Ministerio Juvenil 2.0 fue un ministerio **motivado por programas**.

El asunto era (y sigue siendo, como lo sostengo) que si podemos elaborar el programa correcto con el salón más espectacular para los chicos, y con los líderes adultos más populares y un montón de cosas grandiosas para atraer a los chicos, entonces tendremos el éxito.

En cierto sentido, uno casi podría subdividir el Ministerio Juvenil 2.0 en dos partes. Los revolucionarios que nos sacaron del Ministerio Juvenil 1.0, *usaron* estos programas y métodos para proveer un contexto

para relacionarse significativamente con los adolescentes. Pero con bastante rapidez, los programas y los métodos se convirtieron en reyes, y la única medida de éxito que le importaba a cualquier persona en el ministerio juvenil era: «¿cuántos chicos están asistiendo?»[43].

Si se me permite ser tan audaz como para elegir un versículo para el Ministerio Juvenil 2.0, este sería una frase memorable de la película *Field of Dreams (El campo de los sueños)*:

«Si lo construyes, ellos vendrán». (2:32)

Bueno, ¿qué tal un versículo real de la Biblia?: la gran comisión, directamente de la boca de Jesús en Mateo 28:19-20a:

«Por tanto, vayan y hagan discípulos de todas las naciones, bautizándolos en el nombre del Padre y del Hijo y del Espíritu

Yo era un verdadero creyente en que *«Si lo construyes, ellos vendrán»*. Suena maravilloso en un mundo consumido por la comercialización de nuestros nichos para obtener el resultado deseado. El problema es que no funciona. Me doy cuenta ahora de que el *«Si lo construyes...»* se trataba de mí, no de Dios. Dios está ausente en «el campo de los sueños» que construí. Por gracia, Dios se mostró en las cosas que construí, pero ahora veo que lo que Dios construye es lo único que ha tenido un impacto duradero. *–Jerry Watts*

Creo que tu referencia a la gran comisión proporciona el argumento EN CONTRA del Ministerio Juvenil 2.0. El Cristo resucitado envió a sus discípulos a lugares peligrosos del mundo para hacer discípulos. Si he entendido correctamente, el Ministerio Juvenil 2.0 se trataba más de agrandar el edificio de la iglesia, renovarlo y acondicionarlo para que la gente viniera a la iglesia... pero pareciera no haber un énfasis en llevar a cabo el ministerio «en las Trincheras». *–Erik U.*

«¿Cuántos chicos están asistiendo?» Los consejeros de padres constantemente me hacen esa pregunta. Y esta pareciera estar directamente ligada a qué tan bien estoy haciendo mi trabajo. A menudo se olvida que el evangelio puede ser rechazado, y tal vez el hecho de que los chicos no aparezcan significa que están rechazando el evangelio. *–Brett Stuvland*

Santo, enseñándoles a obedecer todo lo que les he mandado a ustedes».

El Ministerio Juvenil 2.0 nació de intenciones revolucionarias y positivas. Y la mayoría de los líderes juveniles (y de las iglesias) aún tienen intenciones genuinamente positivas... aunque muchos de nosotros estemos trabajando con ideas respecto del ministerio juvenil que están seriamente equivocadas. Pero en lugar de gastar nuestro tiempo atacando al Ministerio Juvenil 2.0, me gustaría mantener nuestro enfoque en la intención positiva de los líderes juveniles que desean que los adolescentes conozcan a Jesús y que quieren ver crecer a esos adolescentes como seguidores apasionados del Jesús que ellos conocen y aman.

Lo que nos trae al punto central de este libro: el cambio actual en la cultura juvenil que ha llevado a que el Ministerio Juvenil 2.0 sea obsoleto, haya sido o no una buena idea desde un principio.

	Ministerio Juvenil 1.0	Ministerio Juvenil 2.0	Ministerio Juvenil 3.0
Cultura juvenil enfocada en	identidad	autonomía	
Influencia de la cultura sobre el ministerio juvenil	lenguaje y temas	modelos y éxito	
Temas clave	evangelización y corrección	discipulado y creación de un grupo de pares positivo	
Motivador	proclamación	programas	
Versículo lema	Mateo 7:13-14	Mateo 28:19-20a	

Capítulo 5

MINISTERIO JUVENIL 3.0
PONIÉNDOLE NOMBRE A NUESTRO FUTURO DESEADO

Uno de los callejones sin salida más peligrosos por los que cualquier organización humana puede transitar, es la creencia de que nuestras ideas actuales seguirán siendo las correctas, que son perennes, y que nunca deben cambiar.

Me acuerdo de un graciosísimo videíto que alguien me envió hace un par de años[44]. Este vídeo muestra a dos personas (un hombre y una mujer) subiendo en silencio unas escaleras mecánicas en el enorme, pero vacío, vestíbulo de un gran edificio. Los dos personajes están separados por unos ocho peldaños el uno del otro, sin moverse de su lugar, mientras la escalera mecánica los lleva lentamente al siguiente piso.

De pronto, la escalera se detiene, y los dos pasajeros se congelan en el lugar.

«Vaya. Eso no es bueno», dice el hombre.

«Oh, esto es justo lo que no necesitaba ahora. Ya estoy atrasada», dice la mujer.

«Alguien vendrá. ¿Hay alguien por ahí?», dice el hombre.

Y seguidamente los dos, que fácilmente podrían haber subido los pocos escalones que les faltaban, comienzan a decir la clase de cosas que podrían haber dicho si hubieran quedado atrapados en un ascensor:

«¿Hay alguien ahí...?»

«¿Ho-la...?»

(Suspiro...)

«¡Hay dos personas atrapadas en una escalera mecánica, y necesitamos ayuda! ¡¿Puede alguien hacer algo?!»

«¡Ayuda!»

«Bueno...», le dice el hombre a la mujer mientras continúan parados en sus lugares, «no hay nada más que hacer sino esperar».

Este video me recuerda cuán seguido nuestras suposiciones están completamente fuera de lugar. Vemos la tasa actual de deserción de adolescentes después de que han estado en el ministerio juvenil, y asumimos (con nuestra mentalidad de Ministerio Juvenil 2.0): *¡Necesitamos añadir programas más entretenidos!, ¡Necesitamos un gran centro juvenil al lado del estacionamiento de la iglesia!, ¡Necesitamos mejores juegos!, ¡Necesitamos un sistema de sonido de última generación!*[45]

Vemos a los chicos en nuestros propios ministerios con una fe superficial y desarticulada, y creemos: *¡Necesitamos un mejor plan de estudios!, ¡Necesitamos más viajes misioneros para impactarlos!, ¡Necesitamos un programa de grupos pequeños... veamos cómo lo hace alguna iglesia más importante!, ¡Necesitamos aumentar el presupuesto para los jóvenes para que podamos hacer mejores cosas y contratar a una docena de pastores practicantes!*

¡Qué lástima! Nuestro pensamiento está atascado en, enfrentémoslo, el milenio pasado.[46] *No podemos* construir un gran ministerio juvenil para alcanzar a los adolescentes de la Cultura Juvenil 3.0 con los métodos o con los pensamientos del Ministerio Juvenil 2.0.

Echa un vistazo a esta maravillosa cita con la que me tropecé en otro libro:

> *Una iglesia (que) arma sus tiendas de campaña sin buscar constantemente nuevos horizontes, y que no levanta el campamento continuamente, está siendo deshonesta a su llamado... (Debemos) restarle importancia a nuestro anhelo de seguridad, aceptar lo que es riesgoso, vivir por improvisación y experimentar*[47].
>
> —*Hans Küng*

Cultura Juvenil 3.0: La tercera ola

Un extraño y sigiloso cambio se ha producido en la cultura occidental: La cultura juvenil se ha vuelto la cultura dominante. O al menos, la cultura juvenil se ha convertido en el principal moldeador y formador de la cultura en general. Estudios recientes han demostrado que los niños y los adolescentes influyen *en más de la mitad* de todas las compras del hogar[48]. Los padres de mediana edad o más jóvenes escuchan la misma música que escuchan sus adolescentes (o, al menos, la música que sus adolescentes escucharon hace un par de años)[49]. Las mujeres de mediana edad usan jeans ajustados. Hombres (y mujeres) de mediana edad lucen los tatuajes que sus hijos anhelan tener. Es común ver a boomers (la *generación de la postguerra, nacida entre 1946 y 1966*), y a hombres jóvenes usando aros y barbas como de chivo. Las marcas de ropa cruzan las barreras de la edad. Las celebridades de la televisión y del cine son buscadas en Google tanto por adolescentes como por adultos. Los adultos están por todas partes en Facebook y en MySpace.

Claro, hay diferencias... siempre las habrá. Y aquí es donde el cambio en la tarea prioritaria de la adolescencia entra en juego.

Pero al nivel de la cultura pop, los jóvenes llevan la delantera.

En realidad, es una progresión natural. Una vez que tuvo su identidad más o menos formada en la primera época, y clavó cientos de estacas en el suelo para marcar sus diferencias en la segunda época (autonomía), la cultura juvenil no puede ahora mirar de brazos cruzados mientras se vuelve masificada y completamente mercantilizada. Eso va en contra del tejido esencial de la adolescencia.

> ¿Cómo opera un grupo de jóvenes funcional cuando tienes al chico gótico sentado junto a un chico educado por sus padres de manera tradicional, y al chico tradicional sentado junto al grupo de chicos que flirtean con una y otra chica?
>
> Lo que tenemos es un grupo de jóvenes muy segmentado. Como pastor de jóvenes estás tratando de adaptar el grupo a siete tipos diferentes de identidad, esperando y orando para que todos se lleven bien. Ah, y de paso, durante la reunión del grupo de jóvenes tienes que hablar de Jesús, después de lidiar con el drama y la diversidad.
>
> ¿Puede realmente haber unidad en medio de la diversidad? ¿Y cómo modelamos esto en jóvenes que odian a los punks con patinetas, y que se burlan de ellos en la mesa del almuerzo en el colegio?
>
> *–jeremy z*

Por lo tanto, la cultura juvenil ha hecho tres cosas:

Primero, la cultura juvenil comenzó a agotarse en dos niveles. Existe el pop, el nivel superficial compartido tanto por los adolescentes como por los adultos. Esta es la cara pública de la cultura juvenil. Es en este sentido que la cultura juvenil está más que feliz de permitir a los adultos seguir creyendo que las cosas de la cultura pop son la suma total de los jóvenes. Esta no es una parte fingida de la cultura juvenil, una postura acartonada para posar y engañar. Realmente es la cultura juvenil; pero es solo un aspecto.

Segundo, la cara privada de la cultura juvenil se volvió secreta[50]. Como nunca antes, hay un mundo adolescente oculto al que casi ningún adulto tiene

acceso, y mucho menos conocimiento de él. En su excelente libro *Hurt: Inside the World of Today's Teenagers* (Herido: dentro del mundo de los adolescentes de hoy), el Dr. Chap Clark explica que los adultos no somos bienvenidos en este mundo subterráneo, y que lo mejor que podemos hacer es sentarnos en las escaleras que conducen a este, y estar disponibles para los chicos que pasan entrando y saliendo de él[51].

Hace poco llevé a mi hijo a ver *Las crónicas de Spiderwick,* película que fue adaptada de la exitosa serie de libros para niños del mismo nombre (Simon & Schuster Children´s Publishing publicó la serie en inglés; existe también una edición en castellano). En la película (y en el libro) unos hermanos tropiezan con una nueva forma de usar sus ojos, la que les permite ver (y participar de) un mundo de otro modo oculto, un mundo de ninfas, duendes, ogros y otras criaturas fantásticas que han estado viviendo a su alrededor todo el tiempo. Ellos pasan gran parte de la película interactuando, fraternizando y batallando en este mundo oculto. Mientras tanto, su madre desconoce todo esto, hasta el final de la película cuando los niños le revelan su secreto y la ayudan a verlo.

> Creo que el período de crecimiento de la adolescencia habla de la confusión actual con metanarrativas contrapuestas. Está presente en toda la sociedad, y más aun en la subcultura juvenil. ¿Qué historia tiene mayor sentido? Esto está ocurriendo en lo individual y dentro de las distintas tribus y grupos afines.
> Parece que nuestra eclesiología (y el Ministerio Juvenil 3.0) necesitan ser formados por un evangelio robusto (narrativo), que responda a las preguntas básicas de la adolescencia y del mundo. En lugar de dirigirnos a los jóvenes y a sus diversas subculturas, pareciera que los estamos llamando a emerger hacia una nueva identidad, autonomía y afinidad que solo la narrativa bíblica puede ofrecer. *–phoejil*
>
> La juventud se ha convertido en un grupo no categorizable que ha evolucionado frente a nuestras narices. Justo cuando creíamos haberlos entendido, cambian. *–Lindsy*

He tenido el privilegio (no estoy seguro de si esa es una buena palabra para emplear aquí, ya que el sub-mundo oculto de los adolescentes puede ser muy oscuro y opresivo) de entrar en el sub-mundo de varios de mis jóvenes. ¿Es oscuro? Puedes apostar a que sí. ¿Tenebroso? Oh sí, admito que lo es. ¿Escapa a la obra redentora de Dios? Absolutamente no. Como agentes de cambio, necesitamos estar listos para entrar a la oscuridad de la vida de nuestros adolescentes y sacarlos de la oscuridad y llevarlos hacia la gloriosa luz de Dios. *–Ben*

Otra cosa que esta generación tiene en común, sin importar el sub-grupo en el que estén, es que están listos para unirse en torno a un causa, como ser más «verdes» (conservación de la tierra), «rojos» (sensibilización e investigación sobre el SIDA), así como la justicia social, Livestrong (supervivencia del cáncer), etc.
Esta generación de adolescentes sabe que hay algo por lo que vale la pena vivir más allá de sí mismos, pero de hecho, están luchando por definirlo... y todo lo demás en nuestra cultura les dice que lo único importante son ellos. Aquí es donde la iglesia puede intervenir y decirles que esos sentimientos que tienen, y que tenemos todos, vienen de haber sido creados para glorificar a Dios en todo lo que somos: nuestras relaciones, nuestros trabajos, nuestras actitudes, nuestras vidas. *–Chris Cummings*

Fui golpeado por esta película como una metáfora de este aspecto subterráneo y oculto de la cultura juvenil, con la variable fundamental de que los adolescentes *no quieren* que los adultos vean (o incluso conozcan sobre la existencia de) su territorio privado y oculto. Es absolutamente normal para ellos: ellos viven en este mundo, en todo momento, con sus amigos (o, al menos, cuando están con sus amigos). A veces viven excluidos por la cultura juvenil que vive «en la superficie» y a veces viven con ella.

La necesidad constante de los adolescentes de diferenciarse del mundo de los adultos (¡aquí está la autonomía de nuevo!), los conduce a «otras» formas, a nuevas formas de conectarse, de enfrentar los problemas, y de crear. Cada vez que algún aspecto de la cultura juvenil se vuelve mercantil y tradicional, aceptado por los adultos y la cultura en general, los adolescentes lo ajustan para sí mismos de

una nueva forma, o crean una categoría completamente nueva.

Un ejemplo claro: Todos los observadores de la Web y los especuladores sobre adolescentes estaban convencidos de que los adolescentes seguirían utilizando el correo electrónico y los sitios para chatear en línea, para conectarse virtualmente unos con otros. Pero los adolescentes se escabulleron de eso y se adaptaron a los mensajes instantáneos. Luego a nosotros los adultos (quienes, con nuestro pensamiento del milenio pasado, adoramos asumir que las cosas seguirán igual) nos sorprendió (nadie predijo esto) que los adolescentes se escabulleran de nuestras suposiciones sobre su uso de los mensajes instantáneos, y pasaran a los mensajes de texto como la forma más común para crear redes sociales.

> Como líderes juveniles vivimos y ministramos en una cultura de diversidad y contradicción. Un minuto puedes tener una conversación con un adolescente sobre la fe, la vida y el universo, tan profunda y penetrante como cualquier conversación con un adulto, y al minuto siguiente tendrás a un montón de chicos revolcándose por el piso porque alguien dejó escapar un gas. Luego agrégale a esto los diversos grupos culturales, y comienzas a darte cuenta de que en lugar de tratar de hacer que todos piensen y sean iguales, tenemos que encontrar un terreno común en Cristo, de modo que quienes quiera que sean tus chicos, cualquiera sea su tribu, sean de donde sean, cualquiera sean sus gustos musicales, podemos aprender a abrazar la tensión y llevar nuestras diferencias y diversidades a un lugar de comunión en la cruz.
>
> ¿De qué otra forma podría un tipo un poco raro (está bien, un poco más que un poco raro) de las zonas rurales de Inglaterra y amante de la música clásica, trabajar y ministrar a jóvenes de la ciudad de Nueva York y amantes del hip-hop? Solo en Cristo. *–Tom C*

Al momento de escribir esto, enviar mensajes de texto es más importante y común para los adolescentes que hacer llamadas desde su teléfono celular.

Tercero (y esto está estrechamente ligado al movimiento subterráneo), la cultura juvenil se ha fragmentado. Aunque uno *podría* tener cierto éxito al describir *algunas* de las características generales de la cultura juvenil pública, la cultura juvenil (tanto la oculta como la pública) se ha atomizado y dispersado. En mi imaginación puedo ver escenas como de película (generadas por computadora) de cosas explotando en el espacio: las piezas salen rápidamente desde el centro hacia todas las direcciones, y después desaceleran su retirada y se estabilizan en un orbe no muy fuertemente cohesionado, formado por partes variadas y bien diferenciadas.

Mientras que esta fragmentación pudo haber sido motivada por la actual necesidad de autonomía de los adolescentes, el *resultado* es un intento desesperado por encontrar afinidad. En otras palabras, el deseo de autonomía fue tan exitoso (en cierta forma) que creó un vacío de afinidad. Un cultura juvenil monolítica (o, para el caso, un grupo de jóvenes de este tipo) ya no era capaz de satisfacer las necesidades de afinidad de los adolescentes.

Entiende esto: Ya no hay una «talla única» que le calce bien a toda la cultura juvenil. Eso existió en las dos primeras olas de la cultura juvenil. Pero es probable que jamás vuelva a existir. Hubo un momento, en un pasado no muy lejano, en el cual toda la escuela secundaria (al menos en los Estados Unidos) giraba en torno a los jugadores y las porristas del equipo de fútbol[52]. Incluso los chicos que formaban parte del club de matemáticas sabían que los jugadores de fútbol y las porristas eran la fuerza motriz, la perfección de la juventud, de su escuela.

Los años superiores de las escuelas secundarias de hoy (y los grados inferiores en menor grado, ya que los estudiantes son menos individualistas y continúan probando diversas identidades), son una sopa de subculturas. El grupo de góticos no tiene aspiraciones de emular ni acoger a los atletas y las ninfas-porristas. Están melancólicamente contentos dentro de su propia subcultura, trabajando duro para definir sus valores, gustos, reglas, prioridades, lenguaje, patrones de comportamiento aceptables e inaceptables, estilo, y más. La pandilla de «diviértete mucho y estudia mucho» tolerará a las llamativas chicas porristas en las fiestas, pero no tiene mucho en común con ellas. Incluso los nerds están más contentos que nunca con su actitud nerd, después de haber creado toda una subcultura propia (y no solo una subcultura de fantasía puesta en escena en juegos de roles).

Con estos tres movimientos de placas tectónicas dentro de la cultura juvenil, es un tanto obvio por qué la priorización de las tareas adolescentes se reajustó una vez más, ¿no es cierto?

Con la identidad de la cultura juvenil una vez más en peligro debido al dominio y a la popularización de todas las cosas juveniles, la cultura juvenil comenzó a pedir a gritos una redefinición de su identidad. Y si bien el movimiento subterráneo tenía mucho que ver con la autonomía, la cultura juvenil, una vez más, se encontró a sí misma sin anclaje y muy mal definida. De pronto, la afinidad se convirtió en la pata larga del banquillo de tres patas. En cierto sentido, la afinidad se convirtió en el camino a seguir hacia la formación de la identidad y la autonomía.

Siempre ha sido importante para los adolescentes encontrar un lugar de pertenencia. Sin embargo, en el antiguo escenario, a un nivel macro, los chicos podían o no pertenecer. Por supuesto, muchos encontraron una forma de pertenecer a algo o algún grupo fuera del nivel macro. Pero en una cultura juvenil fragmentada, es más fácil encontrar un lugar al cual pertenecer (afinidad)... y, sin embargo, la búsqueda se siente aun más desesperada.

Burning Man (inglés para *hombre en llamas*) es una especie de gran festival anual que tiene lugar en una remota parte del desierto de Piedra Negra (en Nevada, Estados Unidos, 120 millas al norte de Reno), la semana anterior, e incluyendo el fin de semana del Día Internacional del Trabajo. Es la meca para muchos adolescentes, universitarios y veinteañeros de la Costa Oeste. No es un festival tradicional con un programa y patrocinadores y marketing... Burning Man es un festival HTM (hazlo tú mismo), un poco de culto a la tierra, un poco de presentaciones artísticas, una parte de celebración del naturalismo, y todo es fiesta. Una gran fiesta. Es una fiesta sin reglas, ni policías, ni padres.

> ¿Viste alguna vez la película *The Warriors* or *Gangs of New York* [Los guerreros o Pandillas de Nueva York]? Así es la cultura juvenil de hoy. Debes unirte a un grupo... o no tendrás identidad.
>
> Desafortunadamente, la iglesia está en el extremo opuesto a aceptar a los chicos tan rápido y sin juzgarlos, tal como lo hacen los grupos a los que terminan uniéndose dentro de la cultura juvenil (como prueba de esto, véase el sitio web de *Burning Man*). Es por eso que el ministerio de la encarnación de Jesús era tan espectacular: Él reunió a todas estas personas, de diferentes grupos, y les ayudó a forjar una nueva identidad en él. Ellos siguieron siendo pescadores y fariseos y zelotes... pero encontraron significado e identidad en Cristo. Su principal misión cambió, y se convirtieron en «verdaderos» pescadores y fariseos y zelotes. *–aarón*

Echa un vistazo a esta cita tomada del sitio web oficial de Burning Man:

Tú perteneces aquí y tú participas.
Tú no eres el chico más raro del salón de clases...
siempre hay alguien allí que ha pensado algo que tú nunca siquiera consideraste.
Tú estás allí para respirar el arte.

Imagina una escultura de hielo que emite música glacial... en el desierto. Imagina al hombre, saludándote, neón y benevolencia, velando por la comunidad. Tú estás aquí para construir una comunidad que te necesita y depende de ti[53].

Un poco estrafalaria y psicodélica, seguro. Pero esta pieza de marketing es un canto de sirenas proclamando la oportunidad para encontrar afinidad. «Ven, sé uno de nosotros», podría ser en la cultura juvenil de hoy la cosa más poderosa que un adolescente escuche.

¿Cómo debería ser el Ministerio Juvenil 3.0?

Si el Ministerio Juvenil 1.0 permitió a la cultura moldear su lenguaje y temas, y si el Ministerio Juvenil 2.0 permitió a la cultura moldear sus métodos y medidas de éxito, entonces el Ministerio Juvenil 3.0 debe permitir a la cultura moldear la **contextualización**.

Una vez más, como buenos misioneros, los líderes juveniles deben convertirse en especialistas en el contexto. Ya no hacen falta planificadores de fiestas, expertos en programación, predicadores obsesionados con los jóvenes, gurús del crecimiento y la evaluación, ni sistematizadores del mínimo común denominador. *Lo que hace falta son antropólogos culturales con pasión relacional*[54].

¿Ves cómo esto nos hace libres? Ahora, nuestra pasión y llamado de conectar a los adolescentes con Jesús se contextualiza (en un sentido, como siempre lo ha hecho el evangelio) y nos permite dejar de copiar el prolijo ministerio juvenil de la otra punta del país (o incluso de la otra punta de la ciudad), y estar presentes con los adolescentes que Dios ha puesto en medio nuestro.

Una de las cosas para las que los líderes juveniles son realmente buenos es mirar hacia atrás (la retrospectiva siempre es 20/20), y reconocer dónde es que Dios ha trabajado. También somos muy buenos para hacer planes a largo plazo y para tratar de proyectar en dónde es que Dios va a trabajar a través de nuestros eventos y/o líderes. Para lo que no somos buenos es para tomarnos el tiempo de reconocer a Dios en la realidad actual. Casi nunca vemos lo que Dios pudiera estar haciendo hoy.

¿Cómo les explicamos la realidad de Dios *hoy* a los jóvenes? *–Jeff Smyth*

Como iglesia, ¿estamos adoptando el espíritu lleno de juventud de la adolescencia? ¿O la estamos aplastando? Posiblemente seamos culpables de silenciar las canciones de nuestra juventud, de romper los dedos de los pies de nuestros adolescentes «danzarines», diciéndoles que se mantengan ocupados cuando finalmente se calman, y de no tomarnos el tiempo para transmitirles nuestras historias. *–Ben*

Ese conjunto de habilidades, esa perspectiva, esa pasión, *nos llevará a los chicos.* Nos colocará en la escalera hacia el subterráneo de la fragmentada cultura juvenil.

Pero, ¿luego qué? Los ministerios juveniles necesitan hacer mucho más que solo llegar a la escalera, ¿cierto? Nuestro llamado aún implica ayudar a los adolescentes a *moverse* a un lugar donde puedan ser transformados por Jesús y estar alineados con el reino de Dios, y tener una afinidad con el cuerpo de Cristo.

Esta escalera, no obstante, es donde discernimos nuestros temas claves. En lugar de los temas evangelismo[55] y corrección del Ministerio Juvenil 1.0, o los temas discipulado y creación de un grupo de pares positivo[56] del Ministerio Juvenil 2.0, necesitamos adoptar los temas clave **comunión** y **misión**.

Comunión

A estos adolescentes desesperados por definir sus identidades a través de la afinidad, necesitamos ayudarlos a experimentar una verdadera comunidad. Una verdadera comunidad no significa reuniones del grupo de jóvenes muy bien programadas una vez a

la semana. Una verdadera comunidad *podría* existir en el contexto de un grupo pequeño, pero la práctica y la programación de grupos pequeños *no asegura* una verdadera comunidad. Una verdadera comunidad es vida-con-vida, la vida entera, comer juntos, compartir viajes, trabajar a través de las dificultades, luchar con la praxis (teología en la práctica), rendirse cuentas mutuamente, seguridad, franqueza, servir uno al lado del otro, cultivar la pasión compartida y el descontento santo, reciprocidad y un sinfín de otras variables[57]. Una verdadera comunidad *no es* un programa. No es algo para lo cual la gente deba inscribirse. No es algo que forzamos.

> He intentado varias cosas que pensé que serían grandes éxitos y que se convirtieron en grandes fracasos. La mayoría de mis intentos de afinidad y aplicación cultural se toparon con horrendos resultados. Pero mi esposa descubrió una joya.
> Ella estaba harta de su grupo de chicas. Eran evasivas, groseras, y simplemente apáticas. Finalmente ella les preguntó por qué venían al grupo, y la mayoría optó por excusarse con eso de la presión de los padres. Luego les preguntó qué era lo que ellas querían... y aquí está la patada al hígado: No querían una comunidad (ya tenían una), no querían diversión (la suya era una comunidad muy rica en este sentido)...
> Ellas querían a alguien que les enseñara la Biblia (es de asustarse que ellas pensaran que no estaban recibiendo eso).
> Hace poco tuve un extraordinario éxito en una imprevista noche juvenil, donde solo abrí la Biblia y comencé a leer (hacemos algo de *Lectio Divina* también). Sin juegos, sin banda, sin contextualización... simplemente leí la Biblia y hablé con los chicos acerca de lo que decía. *–Paul*

Pero la palabra «comunidad» por sí sola no parecía capturar en forma completa la temática del Ministerio Juvenil 3.0. Sabía que había algunos aspectos que todavía faltaban. Así que describí lo que yo estaba pensando en mi blog y pedí a líderes juveniles que me ayudaran a encontrar las palabras. Mi amigo y experto dirigente del ministerio juvenil católico D. Scott Miller sugirió *comunión,* y de inmediato supe que esto capturaba lo que yo estaba pensando[58].

La comunión es una verdadera comunidad con Cristo en el medio. La comunión es tanto la *esencia* como la *acción* de una comunidad de Cristo.

Muchos profesionales del Ministerio Juvenil 2.0 estarían de acuerdo con esta idea y afirmarían que ellos están, y han estado, luchando por este tema. Con la mayoría, sin embargo, yo estaría en desacuerdo. En primer lugar, la comunión, como la he descrito, ha sido una meta poco importante (en el mejor de los casos) para la mayoría de los ministerios juveniles. Y en segundo lugar, como ya lo he afirmado un par de veces: Si es un programa, entonces no es el tipo de comunión del que estoy hablando.

Misión

Misión y *misional* se han convertido en palabras de moda en los últimos años. Me preocupa que se estén convirtiendo simplemente en moda, lo que sería una gran pérdida ya que están tan llenas de verdad, valor, e integridad bíblica.

En el libro que marcó un hito, *The Shaping of Things to Come* (La formación de las cosas que vendrán), Michael Frost y Alan Hirsch definen misionero de esta forma:

> *En nuestra opinión, la iglesia debería ser misionera más que institucional. La iglesia debería definirse a sí misma en términos de su misión: llevar el evangelio y encarnar el evangelio dentro de un contexto cultural específico*[59].

Para nuestros propósitos aquí, vamos a describir *ser misional* como unirse a la misión de Dios en el mundo[60].

Misión, en este contexto, no se trata de tener una declaración de propósito o una declaración de misión. No se trata de tener un propósito (aunque esto no sea malo), o de estar motivados por un propósito. Y *definitivamente* no estoy usando la palabra *misión* para describir el inicio de un programa de misiones. *Misión,* en este contexto, comienza con la idea de que Dios ya está trabajando activamente en la tierra, trayendo redención, restauración y transformación a toda la creación. Por lo tanto, un ministerio misionero busca discernir, observar, e identificar lo que está cerca del corazón de Dios y donde Dios ya está trabajando... y luego *se une a la obra de Dios que ya está en marcha.*

> Nuestra nueva visión de ministerio juvenil se llama «de adentro hacia afuera». La idea simplemente es que debemos «siempre amar primero». Amar a Dios con todo lo que tenemos, y amar a nuestro prójimo como a nosotros mismos.
>
> A través de esto, en realidad hemos cortado todos los programas principales. Lo único que todavía seguimos haciendo es la reunión del grupo de jóvenes todos los domingos por la noche. Desde aquí estamos construyendo comunión con nuestro grupo y con Cristo y luego viendo dónde nos quiere Dios trabajando en el mundo.
>
> Ha sido una gran cosa. Ya ayudamos en la graduación de una escuela secundaria, proveyéndoles a aquellas chicas que no podían pagarlos, vestidos, el salón de belleza, maquillaje y uñas en el día del evento, y una cena formal. También estamos renovando una habitación en un hotel cercano, un hotel en el cual viven familias de seis personas en promedio en una habitación; nuestra habitación será para sostener un programa gratuito después del horario de clases, para los niños que viven en el hotel.
>
> Es tan emocionante cuando los chicos entienden esta idea de comunión misional. Pueden pensar que quieren otra cosa, pero cuando experimentan la comunión misionera, ¡saben que esto es lo que desean! *–Chris Cummings*

Combina estos dos temas (comunión y misión) y tienes un ministerio juvenil que puede describirse como comunión en una misión: una comunidad verdadera, impregnada de Cristo, buscando comprometer al mundo en la obra redentora de Dios que ya está en marcha. ¿Puedes ver cómo esto proporciona

> Por su propia naturaleza, el ministerio juvenil se debe renovar y recontextualizar constantemente, a fin de estar a la delantera de la cultura (que es donde están los adolescentes). Tal vez el ministerio juvenil sirva a un propósito mayor que solo ministrar a juventud. Tal vez ministra proféticamente a toda la Iglesia. –*James*

significado y dirección a las tres tareas de la adolescencia?

«Mi identidad es ser un seguidor de Jesucristo, enmarcada en una comunión real con otras personas que tienen una pasión sinergética y compartida para la obra de Dios en el mundo».

«Mi singularidad (autonomía) se encuentra tanto en la singularidad de mi propia historia, así como en las formas únicas en las que mi comunidad contextualizada busca vivir la fe en Cristo, juntos y para los demás».

«Mi afinidad es con estas personas, para estas personas, con Cristo, y por la obra activa de Dios en el mundo».

Si el Ministerio Juvenil 1.0 fue motivado por la proclamación, y el Ministerio Juvenil 2.0 fue motivado por los programas, ¿qué esperamos para el Ministerio Juvenil 3.0? Como escribí antes, los «motivadores» del Ministerio Juvenil 1.0 y 2.0 vinieron a mí rápidamente, pero realmente tuve que luchar con este tercero.

Consideré «motivado por misiones», pero lo descarté cuando llegué al punto de que las misiones eran uno de los temas clave. Consideré «motivado por la comunión», pero lo descarté cuando llegué al punto de que la comunión era uno de los temas clave. Durante semanas estuve paralizado. Tenía ideas flotando en mi cabeza, valores y palabras y conceptos y sensaciones. Pero ninguno de ellos era el indicado. Todos ellos tenían como el aroma del modo de pen-

sar del Ministerio Juvenil 2.0 flotando a su alrededor.

Así que, una vez más, fui al ministerio juvenil colectivo, a través de mi blog, y recibí un maravilloso enjambre de sugerencias basadas en el montón de ideas que propuse para su consideración. Pero pocas personas dieron respuestas que fueran al grano[61]. Aunque sí proporcionaron una pista por la cual echar a correr mi pensamiento.

> En realidad, estaba planeando inventar un nombre increíble para los momentos en que nuestro grupo se junte a pasar el rato, pero ahora creo que solo lo llamaré «Oigan, juntémonos este viernes en la noche para cenar en mi casa». El propósito es que «el reunirse» no solo se convierta en un sinónimo de estar juntos y pasar buenos momentos y reírnos, sino también de hablar de Dios, animarnos unos a otros, orar los unos por los otros, y discutir sobre preguntas bíblicas. Al final, no habrá ninguna desconexión entre «pasar el rato» y el grupo de jóvenes, porque cada vez que salgamos a pasar el rato, en realidad estaremos «*teniendo*» un grupo de jóvenes.
> En fin, definitivamente voy a reducir los programas, los nombres increíbles, los libros de discipulado, y los eventos, y voy a ocuparme mucho más de «reunirnos».
> –*Yew Juan*

Mientras que el Ministerio Juvenil 1.0 fue motivado por la proclamación y el Ministerio Juvenil 2.0 fue motivado por programas, el Ministerio Juvenil 3.0 necesita ser... «no motivado». Es tiempo de hacer a un lado eso de ser motivado o motivar. Ese lenguaje metafórico podría funcionar para rebaños de ganado, pero no funciona para una comunidad misionera fluida.

En lugar de eso, digamos que necesita estar **presente.** Presente frente a la obra de Dios en nuestras vidas y en el mundo. Presente en el momento actual, no solo vivir para el día en que dejemos este horrible mundo. Presentes los unos para los otros... para aquellos que están experimentando comunión con nosotros, para aquellos que no lo están (aún), e incluso para aquellos que nunca estarán en nuestra comunidad. Presentes en la vida a la manera de Jesús[62].

Por un lado, me gustaría elegir *la Biblia entera* como el «versículo lema» para el Ministerio Juvenil 3.0, ya que la noción misma de elegir un versículo lema es un poco el reflejo de los enfoques mecánicos, sistemáticos y programáticos del Ministerio Juvenil 2.0 y de la iglesia en general en los últimos 50 años. Pero me ajustaré al marco con el que comencé… y en esta oportunidad necesito dos versículos (síganme la corriente). De Hechos 2:44-46 tomaré:

«Todos los creyentes estaban juntos y tenían todo en común: vendían sus propiedades y posesiones, y compartían sus bienes entre sí según la necesidad de cada uno. No dejaban de reunirse en el templo ni un solo día. De casa en casa partían el pan y compartían la comida con alegría y generosidad…»

Ahí está la parte de la comunión. Y para la parte de la misión, las palabras de Jesús en Juan 17:18:

«Como tú me enviaste al mundo,
yo los envío también al mundo».

Después de más de una docena de años en el ministerio juvenil pago, mi trabajo diario durante la última década ha sido en Especialidades Juveniles. Y también he sido líder juvenil en el ministerio de chicos en edad de escuela secundaria en mi iglesia.

En un sentido, soy el peor líder juvenil voluntario en nuestro equipo. Soy el tipo de voluntario que me exasperaba cuando yo era el tipo remunerado. No puedo hacerlo todo. Apestaría en todo si intentara hacerlo todo. Por lo tanto, rara vez asisto los domingos

	Ministerio Juvenil 1.0	Ministerio Juvenil 2.0	Ministerio Juvenil 3.0
Cultura juvenil enfocada en	identidad	autonomía	afinidad
Influencia de la cultura sobre el ministerio juvenil	lenguaje y temas	modelos y éxito	contextualización
Temas clave	evangelización y corrección	discipulado y creación de un grupo de pares positivo	comunión y misión
Motivador	proclamación	programas	no motivado, sino presente
Versículo lema	Mateo 7:13-14	Mateo 28:19-20a	Hechos 2:44-46, Juan 17:18

por la mañana. No voy a los eventos. Rara vez voy a las reuniones. He decidido que, con mi tiempo limitado, mi ministerio juvenil será el mejor ministerio contextual, misionero, y comunional, con relaciones espiritualmente transformadoras, que yo pueda tener con los seis chicos de mi grupo pequeño de adolescentes de 13 y 14 años. Pero siento como si tan solo estuviera arañando la superficie del cambio que es necesario que ocurra... el cambio que debe ocurrir en los ministerios juveniles en todo el mundo occidental, así como también en mi grupo pequeño.

Capítulo 6

ENTONCES... ¿CÓMO LLEGAMOS ALLÍ?

Una palabra de advertencia: A veces, cuando nos movemos entre culturas, se pierden cosas en el proceso.

Foto de Jurvetson (flickr)[63]

Algo de esta pérdida es bueno y natural; pero la otra parte es lamentable. Debemos pensar muy bien en esta coyuntura de la historia de nuestro ministerio juvenil.

Con que…

Eres un líder juvenil empleado por una iglesia, y tienes todo tipo de demandas y expectativas contra-

El cambio real pareciera surgir durante las crisis. La iglesia no es una excepción. *–pbj*

La lucha que muchos líderes juveniles, incluyéndome a mí, estamos teniendo, es que siempre hemos mirado el grupo de otra persona o hemos leído el último libro acerca de las 10 mejores formas de construir un programa juvenil. Por mucho tiempo, demasiados de nosotros hemos usado los materiales, programas y currículums de otros como muleta. Pero los programas no funcionan. Y ya no existe más «una única forma»... simplemente debemos buscar el corazón de Dios y escuchar de él lo que cada uno de nosotros debe hacer dentro de su propio contexto.
Nuestra declaración de misión con la nueva visión en nuestro ministerio juvenil, es aprender a ver el mundo tal como Dios lo ve, de manera que podamos amar al mundo como Dios lo ama. *–Chris Cummings*

El cambio real necesitará apoyo de quienes están a tu alrededor y de los que están sobre ti. Aparentemente será necesario pintar un cuadro «macro» para que todos se involucren y después trazar la implementación en lo «micro». Entonces, cuando aparezcan los badenes, no estarás solo. *–Mark Allen*

puestas que debes alcanzar si deseas mantener tu trabajo.

O eres un líder juvenil voluntario a quien le fascinaría producir cambios en su ministerio juvenil, pero tu tiempo e influencia son limitados.

O tal vez eres un pastor u otro líder de la iglesia al que le encantaría ver a su ministerio juvenil moverse hacia el Ministerio Juvenil 3.0, pero eres lo suficientemente inteligente como para saber que no puedes escribir un memo o exigirlo y esperar un cambio real.

Así es que, ¿cómo lucirá este cambio? Asumiendo cierto nivel de acuerdo con lo que he propuesto en el último capítulo, lo más probable es que te hayas echado a volar en un avión de pensamientos e ideas que están (en su mayoría) a 30.000 pies de altura. Pero cómo aterrizar ese avión es otra cosa.

Y, debo admitirlo, yo no sé. Puede ser un aterrizaje suave; pero lo dudo. Creo que es más factible que sea uno forzoso y muy abrupto. Tendremos que trabajar todo esto en los años venideros por medio de una

experimentación radical, de caídas gloriosas, pasos desafortunados, padres que nos regañen, membrecías que disminuyan y muchos otros badenes desafiantes, pero 100% necesarios. Los badenes (o como mis amigos en el Reino Unido los llaman, «jorobas, para reducir la velocidad») son necesarios en este momento. ¿Todas estas cosas aparentemente feas que recién mencioné? Necesitamos darles la bienvenida. Todas ellas nos proporcionarán corrección en nuestro recorrido, refinamiento, empuje y una tensión creativa.

De una cosa estoy seguro: Pellizcar por aquí y por allá no nos conducirá a ello. El Ministerio Juvenil 3.0 no se trata de hacer una modificación sutil a uno de tus programas o de agregar las palabras *comunión* y *misión* a los valores centrales de tu ministerio juvenil. El cambio verdadero es absolutamente desordenado. Siempre.

Pero, ¿qué es mejor? ¿Un cambio sustantivo pero desordenado, o pequeñas alteraciones inútiles?

Sin embargo, haré algunos intentos de describir algunas variables del Ministerio Juvenil 3.0.

Contextualizar

Antes de que una misionera extranjera (o cualquier misionero transcultural) toque el suelo de una nueva cultura, ella pasa meses e incluso años estudiando esa cultura: lenguaje, costumbres, creencias, prácticas, alimentación, vestimenta, música y otras artes, sistema político y otros sistemas de poder, necesidades, dinámicas relacionales y sistemas familiares, y muchas cosas más[64]. Cuando aterriza, ella continúa siendo una estudiosa de esa cultura, aprendiendo sustancialmente más cuando vive en ese contexto transcultural. Sin este aprendizaje, y sin la contextualización lógica tanto del mensaje como de los métodos que deberían fluir del mismo, ella fracasará en su misión (en el mejor de los casos), o causará un gran daño (en el peor de los casos). Sin este aprendizaje, y sin la contextualización intencional que nace del mismo, solo será una colonizadora[65].

En un sentido, hemos dado el visto bueno para la colonización en el ministerio juvenil durante décadas. Pero este dañino e infructuoso enfoque nunca ha estado tan equivocado como lo está el día de hoy, con la cultura juvenil encarnando diferencias más profundas de lo que lo había hecho en décadas anteriores.

La mayoría de los líderes juveniles se dan el lujo de no estudiar a la juventud y a la cultura juvenil (una vez más: lenguaje, costumbres, creencias, prácticas, alimentación, vestimenta, música y otras artes, sistemas políticos y otros sistemas de poder, necesidades, dinámicas relacionales y sistemas familiares, y muchas más) *antes* de involucrarse con los adolescentes de verdad[66]. La mayoría de nosotros necesitamos un entrenamiento «en el puesto de trabajo», un aprendizaje «en la trinchera» y una educación durante toda la vida. He tenido un maravilloso entrenamiento de pre y post grado en ministerios educativos y desarrollo de currículum, educación transcultural, psicología y desarrollo adolescente, teología y un sinfín de otros temas relacionados. Estos me proporcionaron una buena base para el inicio de mi ministerio juvenil. Pero debo decir que el 90% de lo que sé y practico en el ministerio juvenil hoy en día, proviene de aprendizajes que ocurrieron *fuera* de mi preparación formal.

Y, realmente, una buena antropóloga cultural no solo lee libros acerca de un grupo de personas o de una cultura. Tomando prestadas las maravillosas palabras que Eugene Peterson escribió sobre el ministerio de Cristo en la tierra al referirse a la encarnación: Ella «se muda al vecindario».

«La Palabra se hizo carne y sangre,
y se mudó al vecindario.
Vimos la gloria con nuestros propios ojos,
la gloria única,
como Padre, como Hijo,
Generoso por dentro y por fuera,
verdadero de principio a fin».

—Juan 1: 14
(traducción de la versión en inglés «The Message»)

Esto es clave: El tener siempre en mente y practicar el «mudarse al vecindario» (habitar entre nosotros). Debemos vivir encarnadamente, posicionándonos a nosotros mismos humilde y abiertamente en el a veces frío, oscuro y temeroso cubo de escala que nos conduce al subterráneo de la cultura juvenil.

«Créanme: yo estoy en mi Padre y mi Padre está en mí. Si no pueden creer eso, crean lo que ven: estas obras. La persona que confíe en mí no solo hará lo que estoy haciendo, sino cosas aún mayores, porque yo, en mi camino al Padre, les estoy dando a que hagan el mismo trabajo que yo he estado haciendo (...) Un mundo sin amor», dijo Jesús, «es un mundo ciego. Si alguien me ama, guardará cuidadosamente mi palabra y mi Padre le amará ... ¡nos mudaremos al vecindario! No amarme significa no guardar mis palabras. El mensaje que están escuchando no es mío. Es el mensaje del Padre que me envió».

—Juan 14:11-12, 23-24
(traducción de la versión en inglés «The Message»)

Pero no se trata solamente de ser un estudioso de la cultura juvenil en general. Los líderes juveniles comprometidos con el ideal del Ministerio Juvenil 3.0 no se mudan a un vecindario conceptual. Se mudan a una vecindad real... ¡con adolescentes que viven, que respiran, que tienen su genio, que son irracionales, que son introvertidos, reservados, y que están heridos! No estoy diciendo que debas mudarte y localizar físicamente tu residencia entre ellos. Lo que digo es que nos mueve un compromiso de contextualizarnos, de modo encarnado, en las vidas de un grupo de chicos reales, no unos hipotéticos.

El Ministerio Juvenil 3.0 en tu contexto *debería* verse diferente del Ministerio Juvenil 3.0 de la iglesia que está un poco más abajo en tu misma calle, y ciertamente debería lucir diferente del de cualquier iglesia del país, o de las normas denominacionales, o del viejo megagrupo del Ministerio Juvenil 2.0 que todo el mundo cree que deberías clonar.

Un ministerio juvenil contextualizado no viene de un libro o de una conferencia (¡dos cosas que ofrece Especialidades Juveniles!). Viene del discernimiento. Y el discernimiento siempre involucra investigación, siempre involucra lectura y pensamiento, siempre involucra oír cuidadosamente, siempre involucra luchar con preguntas que pudieran no tener respuestas, y siempre involucra al Espíritu Santo.

Además, el discernimiento para la contextualización siempre se logra mejor por un grupo que por un solo individuo. El Ministerio Juvenil 2.0 se trató del liderazgo de arriba hacia abajo. El Ministerio Juvenil 3.0 es un viaje compartido, que utiliza un proceso de discernimiento compartido que involucra tanto a los adultos como a los adolescentes.[67]

Tú conoces a tus chicos; conoces tu comunidad. Sueña y discierne con ellos para crear un ministerio localizado que lleve el evangelio a los chicos reales que ves cada semana.

Esto solo sucede cuando los ministros de jóvenes y las iglesias a las que pertenecen cambian una suposición subyacente: la de que ellos tienen algo que «enseñar» a los jóvenes. El Ministerio Juvenil 3.0 da por sentado que los jóvenes se dirigen hacia un destino, y que los líderes juveniles se dirigen hacia el mismo lugar. Por lo tanto, los ministerios juveniles que operan como si tuvieran productos o servicios para impartir, deberían hacer una transición para verse a sí mismos en un viaje junto con los jóvenes. *–Adam Lehman*

Estas palabras me resultan alentadoras, dado que ministro en un contexto completamente diferente al de cualquiera de mis amigos de las «grandes iglesias». No puedo comparar mi iglesia con la de ellos, porque son completamente diferentes. En vez de hacer comparaciones, solo necesito detenerme y mirar a mi iglesia, y celebrar el hecho de que nuestro grupo de jóvenes, aún cuando haya menos de 20 chicos en el grupo, está formando relaciones sólidas con los adultos de nuestra iglesia... y juntos están aferrándose fervientemente a su fe y buscando su lugar en la historia de Dios. *Ese* es un motivo para celebrar, y pone fin a las comparaciones. *–Ben*

Lucha con tres opciones

La fragmentación de la cultura juvenil ha creado un inmenso mar de confusión metodológica para los líderes juveniles, especialmente para aquellos que están empapados en el pensamiento de que «el programa correcto es la respuesta». Escoge una banda para un gran evento juvenil (o incluso pon un CD de música en la sala de reuniones de los jóvenes), y por lo menos la mitad de los adolescentes pensará que es mala. A algunos de ellos le gustarán los juegos desordenados y los rompehielos disparatados porque las acciones y las rarezas que se asocian a ellos calzan dentro de los límites aceptables de sus normas subculturales. Otros los odiarán, y forzar a los chicos a participar en ellos tendrá más que ver con nosotros que con ellos. A algunos chicos les encantará experimentar un proceso de discipulado que les motive a meterse en un estudio sustancial, empleando varios recursos, en línea e impresos, y tener discusiones acaloradas sobre lo que significa seguir a Jesús. Otros considerarán esta propuesta como un choque cultural total. Podría dar 20 ejemplos más.

Después de leer ese último párrafo, seguramente algunos de ustedes estarán pensando: *Bueno, esa es la forma en que esto ha sido siempre. Pero a todos los chicos les gustan los juegos y los rompehielos, si es que puedes pasar por alto sus duros caparazones. Y todos los verdaderos discípulos, de cualquier edad, deberían aprender a dirigir técnicas de estudio bíblico como esas.*

¿Quién lo dice? ¿Lo dices *tú*? (Bueno, ciertamente esto viola el concepto mismo del discernimiento contextualizado). ¿Lo dice un grupo de verdaderos e inteligentes líderes juveniles de décadas pasadas, o un grupo de verdaderos e inteligentes campeones de estudios bíblicos de siglos pasados? (¿De verdad debo responder a eso?)

El punto no es solamente que mi pequeño grupo de jóvenes blancos, suburbanos, de 13 y 14 años necesita un enfoque diferente del ministerio juvenil que el que necesita el grupo de chicos de 11 a 14 años de mi amigo Christian Dashfell en Kansas City. Eso es obvio... y lo ha sido por mucho tiempo. ¡El punto es que mi grupo de jóvenes blancos, suburbanos, de 13 y 14 años de octavo grado necesita un enfoque diferente del ministerio juvenil que tu grupo de jóvenes blancos, suburbanos, de 13 y 14 años! Necesita un ministerio juvenil diferente de *cualquier otro* grupo de seis chicos, aun cuando exteriormente se vean iguales. La cultura juvenil se ha diversificado, por lo tanto nuestros enfoques del ministerio juvenil necesitan también diversificarse.

Entonces, ¿cómo pensamos hacer esto? Creo que existen tres opciones que (gran sorpresa) tu grupo comunional y de misión necesita discernir, *todos juntos.*

Ministerios juveniles múltiples para subculturas múltiples

Es probable que un ministerio juvenil alcance a solo un tipo de chicos, a una subcultura. Múltiples ministerios juveniles dentro de la misma iglesia tienen la oportunidad de establecer ministerios contextualizados, ministerios de comunión y misión presentes (no motivados) en contextos de múltiples culturas juveniles.

No me estoy refiriendo solo a tener pequeños grupos basados en la afinidad (aunque esa no necesariamente sea una mala idea), sino grupos juveniles separados. Seguiría habiendo un equipo, o algo por el estilo, con los líderes y jóvenes de los diversos grupos reuniéndose en forma regular para orar y discernir. Pero los grupos juveniles funcionarían de manera relativamente autónoma, con sus propios métodos, enfoques, horarios de reunión, reglas, estilos, calendario y liderazgo compartido.

Algunos podrían seguir amando los retiros o vigilias, los viajes de esquí, y otras «tecnologías» o tradiciones populares del ministerio juvenil; pero otros probablemente querrán desarrollar una red social en línea que sea altamente relacional, con un enfoque de tipo «enjambre» para las reuniones: sin calendarios pegados en los refrigeradores, solo las líneas naturales de conexión que existen en las vidas de los adolescentes[68]. Un grupo podrá lograr un mejor discipulado al reunirse semanalmente para entregar sándwiches a gente sin hogar; otro grupo podrá desarrollar mejor el discipulado en un salón cerrado dentro de la iglesia,

Otra preocupación que viene a mi mente es que los jóvenes están en un proceso de encontrarse a sí mismos, y muchos se encuentran a sí mismos cambiando de subculturas en el transcurso de unos pocos años. Entonces, ¿necesitará el ministerio juvenil un constante cambio para sostenerse? ¿O podría dañar a los chicos este tipo de ministerio subcultural al meterlos a todos en una especie de caja en la que, una vez desarrollados como personas, no quepan más? *–Ryan Donovan*

con Biblias con tapa de cuero y mentes investigadoras.

No se haría ningún esfuerzo por recopilar todas las actividades de todos estos ministerios juveniles en un calendario centralizado (con la idea de que los chicos necesitan ver un «menú» del cual escoger). Todo lo que sea centralizado, es anatema para este enfoque, y escoger del menú es una mentalidad consumista que emana del Ministerio Juvenil 2.0. En lugar de esto, los adolescentes encontrarán su camino hacia estos diferentes grupos de la misma forma en que lo hacen en sus vidas reales, diarias, y subterráneas: A través de las redes sociales.

Por cierto, los adolescentes pueden muy bien elegir participar activa o parcialmente en más de uno de estos ministerios juveniles. Y aquellos pocos adultos y jóvenes que tengan una visión a nivel macro de todo el asunto, podrían ayudar a aquellos adolescentes que no sepan cómo insertarse o dónde hacerlo.

Esta colección de ministerios juveniles no intenta ser todo para todos los adolescentes. Incluso, es posible que no se limite a una sola iglesia. (¿No sería *eso* fantástico?) En vez de esto, aquellos que están dispuestos a participar en el proceso de discernimiento (y, en realidad, todos los chicos y los líderes) decidirán juntos a qué ministerios juveniles darán vida.

Recuerden, la iglesia de Berea era diferente de la iglesia en Corinto. En la cultura «glocal» en que vivimos hoy, la simple geografía tiene menos importancia que la afinidad y la red social[69].

Creo que la creación de diferentes ministerios juveniles con el objetivo de alcanzar a todos los tipos de estudiantes solo profundizará los ríos de desunión asociadas con las denominaciones, las razas, y los estatus socioeconómicos. El reino de Dios está hecho de todos los colores, de todas las lenguas y de todas las subculturas. –*Adam Lehman*

Tenemos ocho líderes adultos que están fuera de los registros oficiales. Todos ellos tienen personas con las cuales se relacionan y reúnen de forma regular fuera de nuestras reuniones habituales. Cuando nos reunimos todos, es solo para comer y de alguna forma inaugurar la presencia de Dios (puede ser una noche de oración, *Lectio Divina*, un sermón, un devocional, un momento de adoración... lo mezclamos todo). Cuando nuestros líderes adultos se reúnen en sus grupos, hacen todo tipo de cosas, algunas con una orientación de acuerdo a la afinidad y otras con una orientación espiritual. Hasta ahora, todo está funcionando bastante bien.
Me encanta la forma en que estás describiendo el paradigma, aun cuando aquello que funciona para un grupo, puede espantar a los demás. Definitivamente, he visto esto en las iglesias en las que he estado. –*Paul*

Un ministerio juvenil con un sueño de supra-cultura, la cultura del reino de Dios

Hay algo que decir acerca de reunirse en una comunidad que encuentre su afinidad común tan solo en Cristo. Esto es pedir mucho de adolescentes que están luchando con las difíciles tareas que tienen, en una cultura que, en términos generales, los ha abandonado[70]. Nosotros, los adultos de la iglesia, no hemos hecho esto muy bien: La mayoría de nuestras iglesias son predominantemente homogéneas. Pero tal vez, solo tal vez, los adolescentes sean quienes puedan modelar un nuevo camino para nosotros.

Mi amigo John Wilson, quien fuera en ese entonces el pastor de jóvenes en la Iglesia Lake Avenue en Pasadena, California, me invitó para asesorar a su equipo de ministerio juvenil, compuesto por líderes pagos, en un retiro de tres días en las montañas.

Ellos sentían que estaban en un punto decisivo en su ministerio juvenil, y necesitaban discernir una dirección y un enfoque frescos. Lake Avenue es una iglesia única en cuanto a que está localizada en el centro de Pasadena, en el Valle de San Gabriel, exactamente al noreste de Los Ángeles. Y, con esa ubicación, ellos encontraron más de 50 grupos étnicos significativos dentro de un radio de ocho kilómetros alrededor de la iglesia. La iglesia, de 100 años de antiguedad, siempre había sido predominantemente blanca, con el estilo de adoración y la programación que uno podría esperar dada esa realidad. Pero ellos estaban genuinamente interesados en ver a la congregación transformarse para reflejar el vecindario. El ministerio juvenil sentía pasión por liderar la marcha en este esfuerzo.

Cuando nos reunimos, ellos ya habían organizado una variante del enfoque de los «múltiples grupos juveniles» que mencioné anteriormente. Pero la verdad es que no estaba funcionando bien porque un grupo (el grupo de los blancos, con la parafernalia del Ministerio Juvenil 2.0 en todos los sentidos), era el grupo juvenil «verdadero», y se esperaba que el otro grupo (los chicos negros e hispanos que se habían contactado con la iglesia a través de un programa de tutorías que funcionaba completamente fuera de las murallas de la iglesia) se insertara armoniosamente.

Juan describió uno de los problemas tangibles que estaban teniendo (que cito como un ejemplo que va más allá de los gustos musicales obvios y del potencial para gastar). Los chicos del grupo juvenil del «vecindario» no se dividieron en forma natural, sino en dos grupos: de escuela secundaria y de preparatoria. Sus redes sociales trascendían estos límites de edades escolares. Pero al asistir al grupo juvenil de la iglesia, se esperaba que fueran por una vía (grupo de preparatoria), o por la otra (grupo de escuela secundaria), incluso si esto implicaba ser separados de sus amigos.

Trabajamos juntos en una gran variedad de ejercicios, orando, soñando, discerniendo con una pasión y una visión que no eran terrenales. En un momento el equipo (formado por tres muchachos blancos, uno con una gran pasión por los «chicos del vecindario», una mujer blanca y una mujer hispana) se atoró un poco, hasta que John habló en términos que solo puedo describir como términos visionarios. La sensación fue un poco como haber escuchado el discurso de «Tengo un sueño» que pronunció el Dr. Martin Luther King.

John dijo algo como: «Esperen un minuto. Deseo describir lo que estoy viendo en el futuro. Deseo que nuestro ministerio juvenil sea seguro para todos y reconozca las particularidades, los valores y los estilos de

Con mucha frecuencia fracasamos en reconocer que cada uno de nosotros posee un antecedente cultural. Es extremadamente difícil, para aquellos que son de la cultura dominante, poder ver esto. Es como tratar de explicarle a un pez lo que es el agua; simplemente es el mundo en que vivimos. Sin embargo, como has correctamente señalado, el gran peligro es que fácilmente podemos suponer que nuestra cultura es también la norma estándar para todos.

Así como Dios existe como tres personas diferentes, y aun en perfecta unidad, nosotros también estamos llamados como personas diferentes (con culturas, etnias y antecedentes únicos) a estar unidos en comunidad. Y este énfasis trinitario nos conduce al concepto de *Missio Dei*, de ser enviados al mundo en toda nuestra diversa unidad.

Aun cuando a menudo el ministerio se siente como si uno estuviera muriendo, el Ministerio Juvenil 3.0 requiere un sacrificio genuino de parte de los líderes juveniles. No solo se trata de que los líderes juveniles inviertan más tiempo y energía en los chicos, sino que de estén dispuestos a reconocer sus propias preferencias culturales y las formas en que fueron educados, junto con las de sus chicos. Tan solo este paso podría ser revolucionario. Entonces podríamos construir una cultura del reino que reconozca el valor y la validez de cada identidad cultural única y que señale nuestra profunda conexión en Cristo *–daniel so* cada una de estas tribus. Deseo que se muevan dentro y a través de un gran espacio multicultural, basado en el respeto, la humildad, y el valorarse unos a otros. Pero, en última instancia, sueño con el día en que podamos movernos más allá de un grupo juvenil multicultural a un grupo juvenil de la cultura del reino. Deseo que estar en nuestro grupo juvenil se sienta como estar en el cielo».

Fue una hermosa visión. ¿Difícil de realizar? Totalmente. Pero, ¿vale la pena llevarla adelante, aun sabiendo que habrá fracasos y conflictos en el camino? Totalmente. El grupo se reunió en torno a esta visión y eligió seguir adelante con los dos puntos de acción (escogidos de entre una lista de docenas de ideas) que creyeron les conducirían hacia este sueño. Clavaron una estaca en el suelo y dijeron: «Debemos contratar a un copastor negro, que trabaje al lado y al mismo nivel que el pastor de jóvenes existente, sin importar las consecuencias que tenga esto sobre nuestro presupuesto». Cada miembro del equipo encontró áreas importantes en las que podría recortar gastos, incluyendo practicantes rentados y otros recursos altamente valorados, de manera de poder sostener a esta nueva persona contratada sin tener que pedir más dinero a la iglesia (lo cual sabían que hubiera sido una larga batalla cuesta arriba). Unos meses más tarde contrataron a un pastor negro tremendamente talentoso, quien sirvió como un igual en su equipo.

Su segunda acción fue implementar un culto de adoración juvenil los domingos por la mañana, abierto a todas las edades y dando la bienvenida a todas las familias, que no fuera de escuela secundaria o de preparatoria, sino de ambas. También se incluyeron aspectos de todos los grupos culturales y socioeconómicos representados en su iglesia. Esto ha resultado ser un punto de acción más difícil y todavía no se ha alcanzado completamente. Pero el sueño continúa vivo.

Este sueño se relaciona estrechamente con la idea de que las subculturas juveniles de los diferentes grupos culturales y socioeconómicos se junten en una sola cultura del reino. Pero, ¿cómo será tener un ministerio juvenil formado por las variadas subculturas juveniles de tu iglesia y comunidad, reconociendo la singularidad y el valor de cada uno (incluyendo los estilos y las preferencias de cada uno), pero que tienda a experimentar supra-culturalmente el reino de Dios?

Muchos, muchos líderes juveniles responderán: «Bueno, eso es lo que ya tenemos. O al menos es lo que *intentamos* tener». En la gran mayoría de los casos, esta aseveración es falsa. Por el contrario, me permito sugerir que probablemente lo que tú tienes ahora es lo que Lake Avenue tenía antes de que hicieran este cambio intencional:

Un ministerio juvenil de «talla única» (que se pretende les calce bien a todos), construido sobre la base de:

- el mínimo común denominador de todas las subculturas en tu grupo, o
- el estilo de normas, lenguaje, música, preferencia de horario de la reunión, formato de la reunión, y así sucesivamente (ver la lista completa unas páginas más atrás), de una de las subculturas (generalmente la que representa a los padres con más dinero y poder en la iglesia), y esperando (¿tal vez anhelando?) que los chicos de las otras subculturas «crezcan» hasta que calcen en él.

Algún híbridos entre las dos

Las dos opciones anteriores (ministerios juveniles múltiples para subculturas múltiples *y* un ministerio juvenil con un sueño de supra-cultura, la cultura del reino de Dios) son asombrosas; pero requerirían de un alto nivel de coraje y compromiso para sacar adelante cualquiera de ellas. Por lo tanto, si la polaridad de estas dos alternativas te convence de que ninguna de ellas resultaría factible, existen algunas opciones híbridas que pueden tomarse en consideración. En este momento veo principalmente dos, pero estoy seguro de que algunos grupos centrados en la comunión y comprometidos con el Ministerio Juvenil 3.0 podrían inventar otras:

> En mi contexto, el enfoque híbrido funciona mejor. Al parecer, mis chicos quieren estar juntos en las actividades entretenidas; pero separados en aquellas instancias profundas y sustanciosas del ministerio juvenil. A algunos les gusta reunirse con otros adultos en la iglesia para leer y discutir libros. A algunos les gusta reunirse ya sea con mi esposa o conmigo en cafeterías o restaurantes y solo conversar sobre la vida. A algunos les gusta que un líder juvenil (por lo general yo) los visite en el colegio durante el almuerzo.
>
> Cristo vino a unirnos como su cuerpo, y en nuestro corazón llevamos la mismísima marca de Dios. Sin embargo, algunos de nosotros diferimos en cómo nos conectamos con Dios y con la iglesia. Creo que es importante darle tiempo a nuestros chicos para estar juntos, para que se den cuenta de que la iglesia no es solo un montón de gente como ellos. Pero también es importante que afirmemos el hecho de que Dios ha creado a cada uno de ellos de forma única, al mismo tiempo que les ofrecemos oportunidades para construir afinidad con otros como ellos, independientemente de las edades. –*Ben Kraker*

Un grupo grande para algunas cosas; grupos más pequeños, específicos para distintas subculturas, para otras cosas. Las subculturas pueden juntarse para algunos aspectos del ministerio juvenil... o al menos nos gustaría creer que esto es verdad. La adoración podría ser una de ellas (asumiendo que la adoración no esté anclada solamente al estilo y preferencias de una subcultura). Ciertos viajes (como un viaje misionero) podrían ser un lugar maravilloso para reunir a chicos de distintas subculturas y trabajar uno al lado del otro. Las diferentes subculturas son capaces de reunirse con mayor facilidad cuando tienen un propósito, tarea u objetivo común, fuera de las normas existentes para ambos grupos (o todos los grupos). Y estas actividades «combinadas» podrían estar rodeadas por una galaxia de grupos funcionando más como la descripción del enfoque de los ministerios juveniles múltiples.

Un grupo grande la mayor parte del tiempo, pero con algunos esfuerzos específicos y contextualizados para crear espacio para las subculturas a las cuales tu ministerio ha sido llamado. Este enfoque híbrido apunta hacia la realidad supra-cultural, pero tiene en consideración que hay algunos chicos que no se conectarán del todo con esas opciones. Por lo tanto, se organizan diversos esfuerzos y reuniones específicas para las subculturas (usualmente por parte de adultos que sienten un llamado hacia esas diversas subculturas) para satisfacer las necesidades de comunión y de misión de estas dentro de sus contextos.

Esto podría verse como un grupo comunional que participa en la mayoría de los aspectos del ministerio juvenil juntos, pero que tiene un ministerio intencional «anexo» para chicos en la subcultura «hardcore», y otro ministerio intencional «anexo» para los chicos que son activistas sociales y que desean ahondar con más profundidad en los temas nacionales e internacionales y encontrar formas de participar en ellos. Para ser honestos, esto es lo que el ministerio juvenil de Lake Avenue ha estado intentando hacer, ya que ellos aún mantienen sus ministerios específicos hacia los chicos del «vecindario», tales como tutorías después de clases y eventos específicos para ese grupo de afinidad.

Aquí es probable (y justo) que surja una pregunta: «¿No parece como si todos estos enfoques que acabas de describir fueran posibles solo para grupos juveniles grandes? ¿Qué pasa con nuestro grupo de *ocho* chicos?». Puedo comprender esta pregunta (razón por la cual la he incluido), y probablemente esperas que la responda diciendo: «No, esto no es solo para grupos grandes», ¿verdad?

En realidad, con un grupo pequeño, este último tipo de pensamiento y estos enfoques podrían verse como un líder juvenil pasando tiempo deliberadamente con los dos chicos de la subcultura emo, entrando a su mundo, conociendo a sus amigos, y creando algo juntos. O podría verse como un líder pasando tiempo con *un* chico que forma parte de la subcultura del arte; una vez más, conociendo a sus amigos y creando algo juntos... posiblemente será algo por fuera, aparte de la iglesia, y difícil de medir.

Advertencia: No permitas que un líder juvenil con mentalidad de Ministerio Juvenil 3.0 y con un llamado hacia una subcultura en particular, te influencie a dejar al resto de tu grupo en una situación de «talla única» propia del Ministerio Juvenil 2.0.

Otra pregunta justa: «¿Estás sugiriendo que nos preocupamos solamente por aquellos chicos que ya están dentro de nuestro ministerio?». Puedo ver por qué sería fácil concluir esto basándote en lo que he escrito hasta ahora (razón por la cual se me ha ocurrido esta pregunta). Pero por supuesto que no, no es eso lo que estoy sugiriendo. En realidad, es todo lo contrario. Estoy sugiriendo que *comiences* con los adolescentes que Dios ya ha puesto en medio tuyo. Piensa cómo podrías implementar el Ministerio Juvenil 3.0 primero con ellos. Después, *junto con esos chicos,* discierne un sueño contextualizado para decidir la forma en que tu ministerio juvenil puede mirar hacia afuera.

Un ministerio juvenil contextualizado que reconozca subculturas diferentes *debería* llevar a tu ministerio, de un modo natural, hacia las profundidades de varias redes sociales que tus chicos trabajan arduamente por sostener fuera de tu enclaustrado grupo. Reconocer que las vidas de tus chicos son mucho más grandes que el grupo juvenil (parte del enfoque de «vida completa» que mencioné anteriormente) te llevará a conectarte, dentro de la cultura juvenil, con chicos de fuera de la iglesia. Esto es muy distinto de planificar un gran evento para alcanzar a adolescentes y esperar que todos ellos asistan: Lo primero se mueve hacia afuera, humilde y relacionalmente; lo segundo intenta crear un gran vacío que los succione hacia adentro[71].

Haz Menos

Uno de los pasos más importantes, peligrosos y osados que cualquier ministerio juvenil necesita dar si es que va a hacer el cambio del Ministerio Juvenil 2.0 al Ministerio Juvenil 3.0, es cortar programas. Pero por aquí es por donde debe comenzar. (Bueno, después de mucha oración, sueños y diálogos). Sencillamente no existe forma de cambiar hacia el Ministerio Juvenil 3.0 *agregando* más programas. Esta no es la forma, y va a fallar.

Si nos tomamos el tiempo para verdaderamente considerar la idea de que Dios desea que la gente llegue a él más de lo que nosotros deseamos ir a él, entonces comenzaremos a encaminarnos hacia el Ministerio Juvenil 3.0. Aunque yo creo que una tonelada de ministros juveniles (y pastores) están de acuerdo en que «Dios lo desea más que nosotros», la forma en que trabajan los ministerios pareciera sugerir lo contrario. *–Adam Lehman*

Seamos honestos acerca del ministerio juvenil: Las demandas de las vidas de los adolescentes, las necesidades de los padres, la planificación, la preparación, la comunicación y todo lo que viene con esto, son cuestiones abrumadoras. Y no se terminan nunca. Nunca se completan. Siempre habrá más adolescentes que te necesiten. Siempre habrá más padres que se beneficien del tiempo que te lleva alcanzarles. Tu enseñanza siempre podrá ser un poco mejor si tienes más tiempo para prepararte. Tu pastor y el directorio de la iglesia siempre desearán mayor comunicación (u obediencia). Por lo tanto, agregar más no te conducirá a ninguna parte.

E incluso si *tuvieras* el tiempo para añadir más, hacerlo es de tontos, es un giro erróneo en la dirección equivocada hacia un callejón sin salida.

El camino hacia adelante debe atravesar, en primer lugar, el valle del hacer menos. Indudablemente, esto va en contra de la intuición. El hacer menos se *siente* como si se estuvieran esquivando las necesidades, como si rechazaras los cambios. La sociedad nos ha hecho creer que el cambio viene por hacer más, más y más. Pero incluso Jesús, el Cristo (quien ciertamente como Dios encarnado, debió haber sido capaz de hacer más cosas de las que tú y yo hacemos), apartó tiempo para orar, descansar y sostener diálogos íntimos. Y, a menudo, él lo hizo cuando la lista de cosas por hacer estaba en su estado más crítico.

Reduce tu programa para que tengas más tiempo para compartir con los adolescentes, pasa más tiempo con Dios, y piensa en reconstruir algo nuevo y fresco.

Hazte pequeño

¿Recuerdan la rutina humorística de Steve Martin titulada «Let's get small» *(Hagámonos pequeños)*?

Esta fue una de las líneas que lo lanzó al estrellato total[72]. Por supuesto, Martin estaba haciendo una broma del tipo «ríete de ellos mientras te ríes de mí», acerca del consumo de drogas. Pero su consejo no podría ser más apropiado para aquellos de nosotros que estamos tratando de abrazar el Ministerio Juvenil 3.0.

Permítanme decirlo claramente: *Grande* es parte del sistema de valores del Ministerio Juvenil 2.0; *pequeño* es la piedra angular del Ministerio Juvenil 3.0. La comunión necesita lo pequeño. La contextualización implora por lo pequeño. El discernimiento necesita lo pequeño. La misión se vive en lo pequeño.

> El verano pasado hicimos tres grandes viajes y eventos, e incluso contamos con dos ayudantes rentados... pero una vez terminado el verano nos dimos cuenta de que no habíamos hecho ministerio JUVENIL, habíamos hecho ministerio DE PROGRAMAS. Las vidas de los chicos no cambiaron (a pesar de que los eventos estuvieron buenos), y entonces supimos que algo debía cambiar.
>
> Comenzando en enero de este año, anunciamos nuestra nueva visión del ministerio juvenil y también anunciamos que no habría más eventos grandes durante un año.
>
> Y aquí es donde estamos cuatro meses después: estamos recopilando una lista de personas de nuestra iglesia que deseen ser mentores; mi novia y yo ya comenzamos a mentorear a algunos jóvenes para ver qué recomendaciones y sugerencias podemos dar a los mentores en entrenamiento; y por fin todos los adultos que interactúan con los jóvenes tienen una relación mucho más profunda debido a la simplicidad de nuestro nuevo programa.
>
> Con hacer menos se logra mucho más, cuando se trata de relaciones que realmente transforman vidas. *–Chris Cummings*

No, no estoy simplemente diciendo que todo buen ministerio juvenil deba agregar programas de grupos pequeños (aunque hacer que los grupos pequeños sean la trama principal ha resultado muy bueno en muchos ministerios juveniles. Ni siquiera estoy seguro de que debamos seguir empleando la frase «grupo pequeño». Viene con demasiado bagaje, y trae automáticamente recuerdos mentales y emocionales de comunidades,

Estoy convencido de que lo pequeño es la forma de avanzar. Lo pequeño nos permite enfocarnos más efectivamente en las relaciones y en la comunidad. De hecho, estamos rodeados de oportunidades para tener relaciones tanto personales (con la familia, amigos, grupos juveniles) como tecnológicas (con teléfonos celulares, facebook, etc.), y aun así seguimos luchando por «ser comunidad». (¿Con cuánta frecuencia han hablado en tu iglesia sobre cómo ser más hospitalarios?) Recientemente cambiamos el enfoque de nuestro ministerio de escuela secundaria y ahora nos reunimos en hogares, donde compartimos comida, conversaciones y pasamos el rato juntos. Ha habido una buena respuesta de parte de los chicos, se están conectando y llegando a conocerse mucho mejor. El crecimiento se está dando, aun cuando la asistencia ha sido un poco menor. Hay oportunidades para ser auténticos los unos con los otros y una mejor disposición en este tipo de contextos. *–Chris Nickels*

Cuando organizo un evento como un juego de bolos de los años '80 o algo GRANDE, literalmente solo consigo la mitad (si no es que menos) de los chicos que asisten a una reunión juvenil típica en la noches. Y no es que el número de asistentes sea la medida más importante; pero este año agregué muchos más mensajes de texto, MySpace, visitas a cafeterías, visitas a colegios, y visitas a grupos pequeños, y he visto florecer al grupo de jóvenes. Los chicos se nutren de la autenticidad. *–DanRead*

programas y cuestiones forzadas[73].

Lo pequeño es tanto un valor como una práctica, aun cuando el valor tiene que preceder a y continuar a través de la práctica. Lo pequeño valora la comunidad en la que los adolescentes pueden verdaderamente ser conocidos y conocer a otros, más que ser uno entre la multitud (aunque se trate de una multitud muy entretenida). Los grupos pequeños defienden las relaciones, antes que los acercamientos tipo bombardeo masivo. Lo pequeño espera en la apacible y suave voz de Dios, antes de asumir lo que Dios quiere decir y difundirlo a través del mejor sistema de sonido que el dinero pueda comprar. Lo pequeño prioriza las relaciones por sobre los números, las redes sociales por sobre los programas, la singularidad por sobre la homogeneidad y escuchar a Dios por sobre hablar por Dios.

Ayuda a los chicos a experimentar a Dios

Tal vez hayas visto este esquema alguna vez:

En la segunda mitad del siglo pasado, mientras nuestra mentalidad sistemática, científica, racional y moderna se calcificaba dentro de la teología, la cual asumimos estaba completa y era eterna, muchas personas utilizaron este pequeño diagrama para explicar la relación de los hechos y los sentimientos con la fe[74]. La explicación era esta: los hechos (la verdad objetiva) son el motor del «tren de la fe». Los hechos son dignos de confianza y nos llevarán por el camino y siempre en la dirección correcta. Por supuesto, la fe es el carbón que provee de combustible al motor. Y los sentimientos son el furgón de cola, el cual puede ser útil pero no resulta esencial para el funcionamiento del tren. Asimismo, no se puede confiar en los sentimientos, y estos no deben influenciar a la fe o a los hechos.

Este mapa mental no era exclusivo de las iglesias, sino que tipificaba la

> Hay mucho que decir sobre encogerse o hacerse pequeño. Ciertamente, Jesús tuvo megaservicios donde predicó a las masas; pero el tiempo que él pasó junto a su grupo íntimo de tres personas debería subrayarse como el más importante. ¿Por qué estamos convencidos de que deberíamos invertir más tiempo, energía y recursos en nuestros servicios o programas de fin de semana, cuando, si invertimos eso (o más) en nuestro grupo más íntimo, nosotros, como el grupo íntimo de Jesús, podríamos realmente cambiar el mundo? *–Terrace Crawford*

Hacer menos es importante, al igual que hacer en forma excelente lo que habíamos planificado es importante. La contextualización solo tiene sentido cuando no se compromete el contenido. Tener relaciones solo por tener relaciones, no forma parte del diseño de Dios. La simplificación del ministerio juvenil debiera considerar dos aspectos: edificar a los santos y construir relaciones para compartir el evangelio. Nuestros métodos deberían cambiar; pero nuestro mensaje DEBE mantenerse igual. *–Ben Bacon*

Uno de los «problemas» que surge al hacer menos, es hacer nada. En el proceso de hacer menos, debemos pensar estratégicamente. No creo que solo debamos arrojar las cosas contra la pared para ver si estas se pegan. Tampoco creo que podamos remover completamente todos los programas. Muchos grupos están manejados por voluntarios que están tan ocupados como los chicos y sus familias... ellos necesitan ayuda para construir relaciones con los chicos. Por lo tanto, si lo hacemos bien, podría ser beneficiosa la programación de grupos pequeños, mentoreo, eventos para grupos grandes, etc. *–RO Smith*

Estoy de acuerdo en que la autenticidad y las relaciones le ganan a los programas... pero para nosotros yo creo que es una cuestión de «una cosa y la otra» más que de «una cosa o la otra». Simplemente hacer menos y obtener poco no es suficiente, especialmente para iglesias con ministerios naturalmente grandes. Creo que debemos aprender a ser «pequeñas» grandes iglesias. *–brandon*

mentalidad moderna predominante en el mundo occidental desde los tiempos de la Ilustración, propulsada por la Reforma y el surgimiento de la ciencia, hasta entrado el siglo veinte (hasta que cosas tales como la física cuántica, la desconfianza en la autoridad y otros factores lentamente comenzaron a socavar la supremacía absoluta de esta cosmovisión).

Puedes odiar al postmodernismo todo lo que quieras (e incluso insultarlo con todos los apodos desagradables que se te ocurran), pero la realidad es completamente indiscutible: Vivimos en una cultura posmoderna[75,76]. Las Escrituras nos llaman a vivir *en el mundo.*[77] Si tenemos alguna esperanza de captar a los adolescentes en su mundo, entonces sencillamente debemos comprender y ministrar en el contexto de una mentalidad postmoderna.

Aquí vemos cómo se han reorganizado los vagones del pequeño tren del modernismo:

La fe continúa siendo el combustible, pero en un mundo postmoderno la mayoría de los adolescentes (no todos) llegan a tener fe al experimentar lo Divino en otros, en ellos mismos, en la naturaleza, en la comunidad espiritual, en las Escrituras, en los medios de comunicación populares, en el dolor, con los pobres y maltratados, y en los innumerables lugares en los que se puede encontrar a Dios obrando en forma activa. Esta experiencia (que siempre tiene una íntima relación con los sentimientos) llega a ser una vía hacia la fe. Sin embargo, los hechos todavía están allí. Incluso sería justo decir que en este escenario el furgón de cola es más importante que antes, porque los hechos confirman la fe y validan la experiencia.

Con esta realidad en mente, el Ministerio Juvenil 3.0 necesita ser intencionalmente proactivo en lo que respecta a brindarles a los adolescentes las oportunidades para experimentar a Dios, no solamente para oír hechos acerca de Dios. ¿Cómo luce esto? En una palabra: Adoración.

Pero permíteme recordarte un pequeño moscardón bíblico respecto de la adoración:

(Dios dice:) «Yo aborrezco sus fiestas religiosas;
no me agradan sus cultos solemnes.
Aunque me traigan
holocaustos y ofrendas
de cereal,
no los aceptaré, ni
prestaré atención
a los sacrificios de
comunión de novillos
cebados.
Aleja de mí el bullicio de
tus canciones;
no quiero oír la música de
tus cítaras.
¡Pero que fluya el derecho
como las aguas,
y la justicia como arroyo
inagotable!
(Amós 5:21-24)

Aunque es posible que la cultura nos permita que el furgón de cola sean los hechos, no creo que sea una posición adecuada para ellos. Y tal vez, la palabra hechos es parte del problema. La palabra misma implica respuestas de libros de texto, que son sistemáticamente frías. Tal vez, deberíamos reemplazar *hechos* por *verdades*.
Sin embargo, si tomamos la *verdad* como los nuevos *hechos*, no podemos relegar a esta última al furgón de cola. Resignar la verdad a la parte trasera del tren, es muy posible que nos conduzca a un descarrilamiento. Esto es así porque las experiencias que no están basadas profundamente en la verdad, por supuesto tienen una tendencia a desviarse. En lugar de ello, tal vez la verdad debería convertirse en la vía sobre las cual se mueve todo el tren. De esta forma, nuestras experiencias y la fe que les energiza, descansan sobre una base bien mantenida que nos protege de descarrilar. La verdad es lo que separa al tren que debemos ofrecer, de todos los demás trenes de la fe que andan por allí.
–Luke Angus

Así es, la adoración incluye la experiencia de elevar nuestras voces unidas en cánticos a Dios. Y sí, la adoración incluye la oración. Pero una visión más amplia, más bíblica, de la adoración incluye servir a los pobres, corregir las injusticias, preocuparse por aquellos que están en necesidad. Cuando los adolescentes, ya sean seguidores de Jesús o no, *experimentan* este tipo de «adoración en acción», tienen una inmensa oportunidad de vivir una *experiencia* tangible de Dios en sus vidas. A menudo esto conduce a la fe, o a una mayor fe. Y, lo que es más importante, esto conduce a una fe sustentable.

Es gracioso, ¿verdad? El primer diagrama de tren nos indicaba que los sentimientos no nos conducen a una fe sustentable, dado que los sentimientos no son confiables. Tal vez esto era cierto 50 años atrás. No estoy seguro. Sin embargo, sí estoy seguro de esto: Los adolescentes de hoy en día, *en lo que confían es en la experiencia*. Y, si somos realmente honestos, así es como todos vivimos[78].

Estas experiencias con lo Divino se convierten en señales sustentables en el camino de un adolescente... más de lo que una sólida base de conocimientos fácticos podría llegar a ser jamás. Cuando un adolescente está sentado en la tercera hora de la clase de ciencias, escuchando argumentos que pudieran minar su conocimiento fáctico (aun con lo fuerte que este pueda ser), será la experiencia que tuvo con Dios (la semana pasada en su comunidad espiritual, el mes pasado sirviendo sopa

Los adolescentes demandan ser más que simples observadores en casi todas las facetas concebibles de la vida de hoy. Ellos no solo desean ver TV, sino que quieren tener voz y voto sobre lo que se ve. Ellos no solo desean descargar videos, quieren crearlos ellos mismos. Ellos no solo quieren formar parte de una lista en el directorio, desean darle forma a su propio perfil. Resumiendo, exigen experiencias. ¿Es realmente una sorpresa que comiencen a dudar cuando la iglesia no les entrega una experiencia del Dios vivo? *–Kevin*

Los jóvenes (y los adultos) no necesitan un conocimiento de Dios o sentimientos acerca de Dios, sino que necesitan encontrar a Dios. Necesitan experimentar a Dios de una forma tangible que a su vez produzca sentimientos, conocimientos y fe. Su fe no está enraizada en la forma en que sienten o en los hechos que han memorizado, está enraizada en los acontecimientos que hay visto con sus propios ojos. *–Chris Marsden*

¿Por qué es tan fácil «crear» experiencias de adoración para nuestros chicos, y a la vez tan difícil para nosotros experimentar personalmente lo Divino? Si el Ministerio Juvenil 3.0 va a tener éxito, debemos experimentar personalmente lo Divino, no solo en nuestro tiempo privado, no solo con nuestros jóvenes, sino todos como el gran cuerpo de la iglesia. *–Ben Kraker*

en un comedor para gente pobre, el verano pasado en el viaje misionero) la que sostendrá su fe frente a hechos objetivos aparentemente contrarios.

Estoy teniendo algunos problemas con su propuesta. Una respuesta apropiada al evangelio es la fe, o la confianza, en Jesucristo y en las verdades acerca de quién es él y lo que él ha hecho en la cruz. Si permitimos que los sentimientos dirijan el tren, nuestros sentimientos nos pueden llevar a cualquier parte, debido a nuestros pecados. No es a los sentimientos a lo que la Biblia hace un llamado, sino a la fe en una realidad objetiva exterior a nosotros mismos. Si solo prestamos atención a nuestros sentimientos, o a nuestras voces internas y experiencias, obtenemos un amplio espectro de ideas que pueden o no estar de acuerdo con la verdad bíblica que Dios nos reveló. En la medida en que los adolescentes experimenten la verdad en la Biblia, junto con el poder del Espíritu Santo, sus emociones o sentimientos vendrán como olas de gozo. –*Jason Pittman*

Sé comunional

Ya he usado la palabra *comunional* en este libro varias veces, así que es tiempo de que lo confiese: la inventé yo. Pero creo que es una buena palabra, y debiéramos hacer que forme parte del léxico del Ministerio Juvenil 3.0.

Comunional es el adjetivo para la palabra *comunión*. Implica un estado intencional del ser. Si solo hubiera escrito «construir comunidad», probablemente esto nos hubiera llevado por la autopista del Ministerio Juvenil 2.0 a cosas tales como:

- Forzar por medio de manipulación la «comunidad» en los adolescentes;
- Construir nuevos programas para la comunidad;
- Suponer que pasar el rato juntos (inclusive en un contexto espiritual) es lo mismo que tener una comunidad;
- Utilizar trucos del mercadeo para atraer a los adolescentes hacia la comunidad.

La comunión no acontece como consecuencia de programas bien pensados, ni por prestidigitación, ni por estar en una misma sala. La comunión es el fruto compartido, orgánico, no manipulado, fluido y difícil de cuantificar, de tener relaciones consistentes con Cristo incluido en la mezcla. (Sí, ¡es un fruto orgánico!)[79]

Algunos aspectos de la comunión:

La comunión es pequeña. Ya escribí una sección completa sobre lo pequeño, por lo que no insistiré. Pero creo que es necesario recalcar que es muy raro que ocurra, si es que alguna vez ocurre, en escenarios multitudinarios.

La comunión es lenta. No es algo apurado. No ocurre de la noche a la mañana... de hecho, es irritantemente paciente. La comunión no se desarrolla en absoluto en nuestros programas de horarios, e internamente resistirá cualquier forma de cuantificación.

Estoy en el área metropolitana de Washington D.C. Muy, muy concurrido. Hace ocho años que abandonamos nuestra reunión juvenil semanal. No existe. Reforzamos (mucho) nuestra clase semanal de Escuela Dominical y también reforzamos los eventos mensuales del ministerio juvenil. No extraño los afanes semanales para producir un programa que sería olvidado al día siguiente. Los jóvenes no extrañan una reunión semanal. Y ninguno de los padres extraña el fastidio de conducir a través del tráfico una vez por semana, aun cuando su presencia sí es requerida en los eventos mensuales. Si bien su responsabilidad de ser el principal líder e influencia espiritual sobre sus propios hijos (así como con los demás adolescentes) ha aumentado grandemente, ninguno se queja. *–Brenda Seefeldt*

Salirse de los programas significa salirse de lo que frecuentemente consideramos nuestra seguridad. Pero cuando nos volvemos cada vez menos programados y entonces más inseguros, comenzamos a descubrir dónde realmente deberíamos estar buscando nuestra seguridad.

La seguridad verdadera se encuentra en aquellas cosas que perduran; aparte de Dios, se encuentra principalmente en las relaciones con las demás personas en la iglesia. Lo que es realmente bueno en todo esto es que tenemos la oportunidad de descubrir la seguridad (y la intimidad, el amor incondicional y un montón de otros beneficios) junto a nuestros jóvenes, a nuestros líderes, e idealmente a todos los miembros de la iglesia de todas las generaciones que tú mencionaste. *–Ben Kraker*

La comunión es pequeña, pero demanda una perspectiva mayor. Alguien que experimenta «comunión» siente una conexión hacia el gran cuerpo de Cristo cuando se congrega como iglesia... así como con los hambrientos por Cristo en África, o los oprimidos por causa de Cristo en el Tíbet. La comunión es lenta, simple y fluida. En otras palabras, ¡buena suerte al programar el trabajo del Espíritu en otros! De hecho, ¿por qué intentarlo? Sólo corres el riesgo de estorbar. La comunión está presente. Entonces, mira a tu alrededor: ¿dónde están tus adultos voluntarios? ¿será posible que alguna vez tengas suficientes? ¿acaso no necesitan/merecen un mejor entrenamiento para los tiempos cara a cara, para aprender a escuchar y compartir experiencias? En serio, Sr. Llanero Solitario, oiga, si usted es el todo de la presencia adulta para los jóvenes de su iglesia, usted no está preparado para el futuro. Necesitamos una iglesia adulta con una mentalidad misionera que incluya a los adolescentes; y necesitamos adolescentes con una mentalidad misionera dentro de la iglesia. La comunión tiene aspecto de Jesús. Ahora que lo pienso, la comunión era todo eso con aspecto de Jesús que hizo que yo entrara al ministerio juvenil en primer lugar. *–D. Scott Miller*

La comunión es simple. No es simple de «crear», sino que es simple en su ADN. No es llamativa. No florece con inyecciones reforzadas de tecnología[80].

La comunión es fluida. No se pone en una caja y se vende como un recurso o se presenta como un plan de 40 días. No permite ser definida. Se transforma, de una manera maravillosa, en vibraciones, estaciones y formas variadas.

La comunión es presente. Demanda tiempo cara a cara. Tiene hambre de ser oída. Se le hace agua la boca por compartir experiencias. Vive en el aquí y ahora.

La comunión se parece a Jesús[81]. Tiene altas expectativas de que Dios se aparezca. Se da cuenta de que Cristo está en medio nuestro. Busca vivir la experiencia compartida de unirse a la obra redentora de Cristo.

El Ministerio Juvenil 3.0 comparte la vida de Jesús con tu comunidad de chicos, tiene el «estamos en esto juntos» de la comunión real, y depende de la realidad de Dios en tu medio.

Trabaja por la integración de los adolescentes con la iglesia

Se ha escrito mucho en la última década sobre «El ministerio juvenil basado en la familia». (Aunque, si soy honesto, mucho de esto ha sido meramente adicionar un par de eventos a un enfoque del ministerio juvenil dirigido por programas). No es que no sea importante comprender a los adolescentes como parte de un sistema familiar y ministrar a sus padres... por supuesto que lo es. Pero lo que aquí sugiero es más grande y más abarcador.

El hecho es que los adolescentes *necesitan* adultos en sus vidas... muchos adultos. Pero la iglesia también necesita adolescentes. Los que peinan canas necesitan niños de jardín de infantes; los adolescentes necesitan adultos; los veinteañeros necesitan cuarentones. Nos guste o no, todos somos la iglesia, y la *decisión* de que nos guste es crítica.

Los grupos juveniles aislados han hecho tanto daño como bien. Es probable que el aislamiento haga las cosas más fáciles en algún modo, pero luchar por lo mejor rara vez es fácil.

Trabaja para encontrar formas significativas de crear relaciones y comunidades intergeneracionales. Encuentra formas significativas de que adultos de todas las edades se conecten con el trabajo del ministerio juvenil, e intenta (con nobles fracasos siendo una parte necesaria del proceso) encontrar caminos para integrar a los adolescentes en la vida de los adultos de tu iglesia.

Suena como teología de calcomanías para autos, pero es totalmente cierto para el Ministerio Juvenil 3.0: Todos nos necesitamos unos a otros.

Sé un misionero

Al comienzo de mi ministerio juvenil, una de mis mayores equivocaciones fue pensar que mi rol era ser como un «compadre» para los adolescentes. Mi lógica errada me decía que si tenía éxito en volverme uno de ellos, un par, entonces tendría acceso para influenciar sus vidas en mayor grado. No fue sino hasta que lo había logrado, que vi lo disparatado de mi pensamiento. Había renunciado a mi lugar como un mentor para convertirme en un camarada.

Los misioneros no intentan aparentar ser idénticos a las que personas con las que están viviendo y a las que están ministrando. ¿Cuán falso y ofensivo sería esto? En lugar de eso, se comprometen con la gente, humilde y cautelosamente, siempre atentos y preocupados por el contexto cultural, reconociendo al mismo tiempo su propia condición de visitantes. Incluso las grandes historias misioneras del último siglo, en las cuales los misioneros alcanzaron un hermoso lugar al ser aceptados como parte de la cultura tribal, tenían esta visión: No importa cuán amados, apreciados y aceptados eran por la tribu, seguían siendo el extranjero que era «otro». (*Bruchko*[82] y *Peace Child*[83] *(Hijo de Paz)* me impresionaron fuertemente cuando los leí siendo adolescente).

Lo diré una vez más: El Ministerio Juvenil 3.0 no requiere expertos en programas, sistemizadores, especialistas en comunicación ni planificadores de fiestas. El Ministerio Juvenil 3.0 requiere misioneros con mentalidad antropológica, que sirvan a los adolescentes con humildad y gracia.

Ayuda a los chicos a ser misionales

Habiendo ya definido *ser misional* como unirse a la misión de Dios en el mundo, quisiera analizar un poco este concepto, de modo de encaminarnos hacia una aplicación práctica. Unirse a la misión de Dios en el mundo suena bien y todo, pero podría dejar a los líderes juveniles un poco como un auto de carreras sin neumáticos... acelerando el motor pero sin posibilidades de llegar a ninguna parte.

Unirse a la misión de Dios en el mundo puede suceder sin ninguna intención. De pronto es posible que los chicos se encuentren a sí mismos (o que repentinamente nos encontremos a nosotros mismos) en medio de alguna acción, o esfuerzo, o de personas en las cuales la presencia de Dios sea palpable. Y en ese momento sabrán (porque lo sienten... ejem) que han tropezado con el movimiento de Dios, y que están listos para el viaje.

Necesitamos ayudar a nuestros adolescentes a estar atentos para reconocer estos momentos... todos los experimentamos.

Pero en la mayoría de los ministerios juveniles no sucede de esta forma. La mayoría de los grupos comunionales deben *elegir* ser misionales, elegir encontrar la obra activa de Dios. En la mayoría de los casos, esto nos lleva a una reorientación de nuestra visión. Esto es particularmente cierto para los adolescentes que (debido a la gran cantidad de cambios que se están desarrollando en sus cuerpos, mentes y vidas) están enfocados de forma natural y comprensible en sí mismos. El abrir sus ojos, y mentes, y corazones, a los demás es un gran paso, un gran cambio, y una maravillosa y desequilibrante oportunidad[84].

Encontré un libro maravillosamente útil para describir el cambio real, titulado *Presence: Human Purpo-*

se and the Field of the Future[85] (Presencia: El propósito humano y el campo del futuro). Los autores sostienen que un cambio profundo y duradero (para una organización o para un individuo) implica siete etapas desarrolladas en tres fases. Llaman a este diagrama «la U», porque las primeras tres etapas son un rompimiento o una destrucción de lo que era, y las últimas cuatro etapas son una reedificación o una reconstrucción.

Aquí tienes el dibujo de «la U» extraído de la página 225 de este libro[86].

Las siete capacidades del «Movimiento en U»

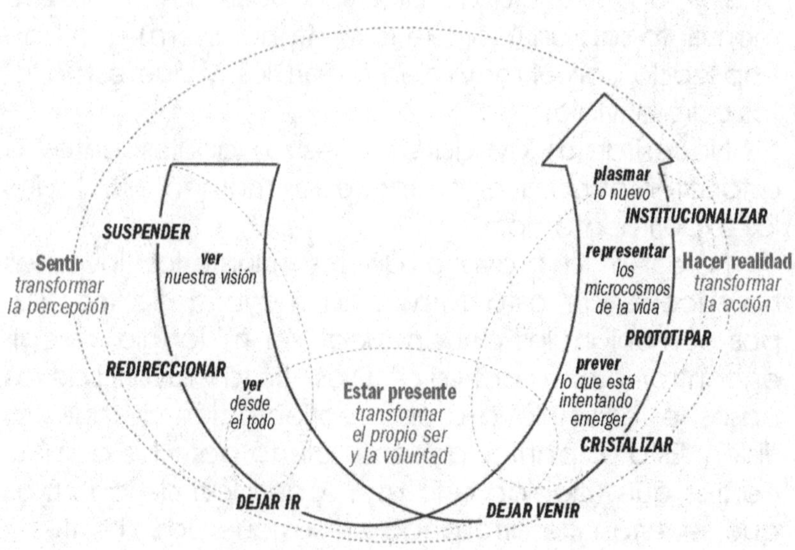

Todo el movimiento en U surge de siete capacidades centrales y de las actividades que estas permiten. Cada capacidad es una puerta de entrada a la próxima actividad (la capacidad para suspender permite ver nuestra visión, y la capacidad para hacer prototipos permite representar los microcosmos de la vida), pero el movimiento a través del proceso completo solo es posible si se desarrollan las siete capacidades.

Quisiera parafrasear a grosso modo este brillante trabajo, dividiéndolo en cuatro etapas (dos abajo, y dos arriba):

1. La etapa uno (la primera mitad del lado descendente de la U), consiste en **darle un nombre a la realidad actual**. Esto es autoanalizarse y reconocer con honestidad la realidad observada, sentida, discernida o revelada (o, lo que es más probable, una combinación de todo eso).

Para una adolescente en su primer viernes de actividades con el grupo de chicos que entregan sándwiches y que entablan conversaciones con las personas sin hogar, la primera etapa podría verse como el desequilibrante «¡A-há!» que le revela que las personas sin hogar son gente real, con historias y emociones reales, no solo un sucio decorado de dos dimensiones que necesita ser limpiado[87].

2. La segunda etapa de un cambio profundo (la mitad inferior del lado descendente de la U), es el trabajo duro de la **deconstrucción**. El darle nombre a la realidad actual crea una brecha entre él y las creencias e hipótesis que sostenía previamente. Por lo tanto, estas creencias e hipótesis previamente sostenidas, deben ser ahora derribadas, en alguna u otra medida, antes de poder iniciar alguna reconstrucción.

¿Puedes ver cómo ocurre esto en tu propia vida? Piensa en ello como la remodelación de una casa. No podemos llegar a tener una «apariencia totalmente nueva» sin antes atravesar la sucia, desordenada y fastidiosa (y a veces muy cara) tarea de limpiar, despejar, rasgar, desmantelar y eliminar todo lo viejo.

Para esa adolescente que conocimos unos párrafos atrás, esta segunda etapa ocurre a lo largo de semanas de participación continua en este ministerio, escuchando más historias de personas sin hogar, viendo que algunas personas recuerdan su nombre y que ella a su vez recuerda a algunos de ellos por sus nombres, participando en múltiples conversaciones con sus amigos y líderes sobre lo que antes equivocadamente pensaba o creía, y pasando horas pensando ella sola.

3. Ahora viene el trabajo de reconstrucción. La etapa tres de la U (la sección inferior del lado ascendente de la U) es el acto consciente o subconsciente de **dar nombre una nueva realidad**. Esta articulación es mucho más compleja y dimensional de lo que hubiera sido posible en la primera etapa. Y, en lugar de un «dar nombre» que está relacionado con malos entendidos, este es un «dar nombre» relacionado con la esperanza y con una nueva visión. Es algo así como «clavar una estaca en la tierra» (como en una conquista).

Para nuestra adolescente, este es un largo proceso de formular nuevas opiniones y vocabulario, nuevas respuestas emocionales y un compromiso acerca de, para, y hacia las personas sin hogar que ha llegado a conocer. (¿Pueden ver cómo todo esto encaja con las tareas de la identidad, autonomía y afinidad que ya hemos tratado tanto en este libro?)

4. Finalmente, llegamos a la cuarta etapa (la mitad superior del lado ascendente de la U), que se refiere a la forma práctica de vivir esta nueva creencia y este

nuevo entendimiento. Si todavía no ha habido acción, de seguro la habrá en esta etapa. Las conductas y las decisiones son modificadas en respuesta a esta nueva perspectiva, comprensión y compromiso.

Nuestra adolescente, que ha estado viviendo todo esto por medio de sus acciones desde aquella primera tarde con las personas sin hogar, ahora tiene los medios para tomar decisiones informadas y dar pasos proactivos sin que alguien le diga lo que debe hacer. Ella tiene confianza respecto de su participación en este trabajo misionero porque se ha convertido en parte de su sistema de creencias, parte de su identidad. (Por supuesto que el grupo con el cual ella asiste a la ciudad cada semana también ha crecido, transformándose en un grupo fuerte y de afinidad comunional para ella).

Otras formas de ayudar a los chicos a descubrir y unirse a la obra de Dios en el mundo, son:

- Compartir y pedirle a los adolescentes que compartan historias en forma regular, acerca de lugares en los que tú o ellos han «vislumbrado a Dios». Permite que esto de contar historias se convierta en algo natural y normal dentro de tu grupo.
- Animar a tus chicos con la verdad bíblica de que la tierra es de Dios, junto con todo lo que hay en ella[88]. La extensión natural de esta verdad es que Dios puede ser hallado viviendo y activo en todas partes. Por cuanto todos nosotros somos creación de Dios, incluso aquellos que no están intencionalmente siguiendo a Jesús dejarán escapar pequeños trozos del evangelio en el arte, el cine, la música, la escritura, la conversación y otras esferas públicas. Pregunta constantemente a tus chicos, mientras estén en un bosque, o en la cima de una

montaña, o en medio de un barrio pobre, o en la puerta de su colegio: «¿Qué podemos aprender de Dios en este lugar?», y «¿Dónde y en qué manera está Dios presente en este lugar?».

- Juntos, aprendan acerca de las muchas injusticias que se ven en su comunidad, su región, su país, y en el mundo. Juntos, disciernan acerca de sus «descontentos santos» individuales y colectivos, y vean una forma de hacer frente a esos temas.
- Prueba una amplia variedad de actividades misioneras y, juntos, disciernan hacia dónde los está moviendo o llamando Dios.

Finalmente, no te dejes llevar

Soy un gran fanático de la pasión, tanto del concepto como de la experiencia. Es posible que haya elegido la pasión como tema para dar charlas tanto a adolescentes como a adultos, más que cualquier otro tema durante los últimos 10 años. Creo que la promesa de Jesús en Juan 10:10: «...yo he venido para que tengan vida, y para que la tengan en abundancia», es uno de los versículos más inspiradores y maravillosos de todas las Escrituras.

Pero me he dado cuenta de que existe una diferencia entre la pasión y el dejarse llevar[89]. La pasión nos llama; el dejarnos llevar nos coacciona. La pasión nos seduce; el dejarnos llevar nos hace sentir culpables. La pasión es una invitación; dejarse llevar es prescriptivo. La pasión es inquisitiva; el dejarse llevar es castigador. La pasión está llena de emociones; el dejarse llevar es frío y calculador.

Los adolescentes desean desesperadamente experimentar pasión; ¡pero no tienen interés alguno en dejarse llevar!

Y los líderes juveniles que abrazamos el pensamiento y el enfoque del Ministerio Juvenil 3.0, ya no nos dejaremos llevar por las descripciones de cargo, por medidas, por edificios, por demandas de tiempo, y por complejos de Mesías. En lugar de eso, nos desaceleraremos lo suficiente, desconstruiremos lo suficiente, como para estar completamente presentes.

En primer lugar, presentes a la acción de Jesucristo en nuestras propias vidas. La alimentación del alma debe convertirse en la prioridad número uno de los líderes juveniles en esta nueva época. Simplemente debemos dejar de hablar de esto de la boca para afuera, mientras en la realidad imitamos al famoso Correcaminos (¡bip-bip!).

Por supuesto que cómo se implemente este refrigerio personal del alma para cada líder juvenil depende del contexto. Por mi propio temperamento y mis gustos, me he dado cuenta de que un retiro trimestral, de tres días de silen-

Lamentablemente, caigo en la trampa de pensar que si no estoy haciendo nada que tenga relación con algún ministerio, no estoy sirviendo a Dios. Pero la verdad es que si realmente deseamos ser utilizados por Dios, entonces debemos estar con Dios constantemente en oración, en la lectura de las Escrituras, y en el descanso. *–Ryan*

Quedé exhausto después de intentar mantener una relación apurada con Dios, mientras tomaba más y más responsabilidades ministeriales. Nunca olvidaré las palabras que mi mentor compartió conmigo cuando estaba muy mal y me acerqué a él:
«Nada esencial se detiene cuando yo descanso».
El mundo no se caerá si tomo un tiempo para mí mismo. Mis jóvenes sobrevivirán sin mí si me retiro por un corto período de tiempo. La iglesia seguirá adelante sin mí. Estas siete sencillas palabras llegaron a ser una regla de vida para mí. *–Ben Kraker*

Mi relación con Dios y mi trabajo en la iglesia deben estar separados. Siento mucha pasión por ambas cosas; pero si las veo como iguales me encuentro trabajando mucho más que lo que puedo soportar, para tratar de sentirme santo. Y para ser completamente honesto, esa sensación de ser «santo» solo proviene de mi propio sentido de satisfacción o de los elogios de otras personas. *–Jeremy Best*

Los padres desean programas dirigidos para sus chicos porque ese es el mundo que le han dado a sus hijos: todo lo académico, deportes escolares con expectativas demasiado altas para el tiempo y la energía que se les dedica, prácticas con la banda musical de la escuela todas las noches, no dormir durante las épocas de obras de teatro en el colegio, trabajos de medio tiempo.

Para mínimamente *parecer razonable*, la iglesia tiene que adaptarse a ese molde, sin mencionar que la única forma de asegurarse de que algún evento de iglesia alcance a un chico es tener tantos eventos como sea posible. De esta forma, al menos uno o dos de estos eventos caerán en algún hueco en el horario de alguno de los estudiantes. (¡Puedo pensar en algunos padres que desean que yo planifique 17 cosas a la semana solo para tener alguna posibilidad de que sus hijos puedran llegar por lo menos a una de ellas!)

Para mí la gran pregunta siempre va de vuelta a los padres: ¿Están viviendo sus vidas con propósito, o simplemente están impulsados? ¿Qué modelo está mostrándole eso a sus hijos? –*Troy Richards*

cio, es mucho más efectivo para mí que medio día de inactividad una vez a la semana. Soy implacable en proteger esta práctica en mi vida. Encuentro un lugar en el que pueda preparar mi propia comida (por lo general una cabaña prestada o algo por el estilo), de modo que no tenga que entablar ni siquiera una pequeña conversación con nadie. Apago mi teléfono celular, dejo mi computador en casa, y me desconecto completamente por tres días. Llevo conmigo varios libros, duermo, oro, medito, y ocasionalmente escribo un diario. A veces tengo encuentros profundos con Dios, y a veces Dios me revela nuevas ideas con respecto a mí mismo, o a mis relaciones, o a su carácter. Pero con frecuencia es simplemente la disciplina de bajar el ritmo y de callar lo que me trae la descontaminación y realineamiento que necesito.

Sin embargo, debemos estar presentes para más que para nosotros mismos. También es necesario que adoptemos una forma constante de pensamiento y disciplina de presencia: hacia nuestras relaciones más cercanas, hacia los adolescentes en nuestro medio, frente a la belleza de la creación, frente a la presencia de Dios alrededor nuestro. Sin presencia, es posible que ignoremos las necesidades de los adolescentes. Sin presencia, es posible que los avasallemos con nuestras ideas e hipótesis en lugar de esperar y escuchar sus ideas e hipótesis. Sin presencia, es posible que solo experimentemos una relación «al pasar» con Dios.

He estado viviendo en el extranjero por seis años, en países donde por lo general soy considerado como un forastero, especialmente donde vivo ahora, en África Occidental. A veces, lo único que sé hacer es estar allí. No siempre estoy seguro de lo que tengo que decir o hacer. Pero puedo escuchar, tal vez sonreír, y reflejar a Cristo en pequeñas formas. Uno de mis amigos africanos me dijo en una oportunidad: «Los africanos valoramos la solidaridad. ¿Qué es la solidaridad? Mantenerse juntos, estar allí». No es una mala forma de vivir y servir en el ministerio *–Matt Price*

Debes estar presente para tu llamado; presente para Cristo en ti; *presente para los adolescentes y para Cristo en ellos.*

EPÍLOGO

Al concluir este libro, me gustaría sugerir que el Ministerio Juvenil 3.0 nos vuelve a llamar al punto de partida, de vuelta a algunos de los problemas de los primeros líderes juveniles. El Ministerio Juvenil 3.0 nos llama de vuelta a los márgenes.

Durante muchos años, el ministerio juvenil ha disfrutado un apogeo de crecientes recursos, mayor validación, tecnologías y sistemas muy precisos, y una industria completa que lo sostiene y lo objetivisa. Especialidades Juveniles ha sido un participante involuntario pero activo en este proceso; y estoy profundamente arrepentido y apenado por esto.

Sin embargo, las Especialidades Juveniles de hoy y mañana serán acordes con el Ministerio Juvenil 3.0: serán de aliento, de humildad, de vanguardia, y unas pocas serán potencialmente codazos proféticos.

No podemos decirte, en medio de la Cultura Juvenil 3.0, que hagas las cosas «a nuestra manera» (como si existiera «nuestra manera»). Cualquier organización que te diga eso, o te está mintiendo, o está seriamente equivocada y ha perdido contacto con los adolescentes de hoy en día. Lo que podemos hacer, y eso haremos, es servirte y darte los recursos para el proceso de discernir y desarrollar un ministerio juvenil comunional, misional, no motivado sino presente, y que sea contextualmente apropiado para los jóvenes de tu medio y para aquellos que estás llamado a alcanzar.

Durante el proceso de escribir este libro, he mantenido un registro de algunas historias de líderes juveniles que están luchando con algunas de las ideas que aparecen en este libro, y me gustaría compartirlas ahora con ustedes. Una de ellas es una queja, puramente emocional y cognitiva, de insatisfacción por el modo en que son las cosas y por la dificultad para encaminarse hacia el cambio. Otras dos son rebanaditas especiales de experimentación práctica. Estos dos últimos ejemplos pueden llegar a tener maravillosos capítulos subsecuentes, o pueden estrellarse y quemarse en una pila. Pero el valiente esfuerzo es glorioso en sí mismo.

Primero la queja.

Joe Troyer, un líder juvenil en Canton, Ohio, escribió esto en su blog[90]:

> *No sé qué hacer. Esto es tan frustrante. ¿Qué haces cuando lo que siempre hiciste ya no resulta? La cultura juvenil y quizás la cultura en general ha dado un vuelco. Hablamos acerca de ser «misionales» y de cómo el ser atractivos ya no nos está resultando. Sin embargo, el ministerio juvenil tradicional no es otra cosa sino ser atractivos. Tenemos eventos y les decimos a los chicos que traigan a sus amigos. Sentimos que el ministerio juvenil debe tener algún tipo de «atractivo». Al mismo tiempo, en gran parte de mi condado, los ministerios juveniles están adormecidos y están viniéndose abajo. Lo oigo de los pastores juveniles todo el tiempo. Creemos que tal vez deberíamos enseñar mejor. O tal vez deberíamos incluir algunos juegos para hacerlo más emocionante. O tal vez necesitamos tener un nombre más pegajoso, con palabras tales como*

XTREMO o FUEGO o ¡¡FUEGO XTREMO!! Quiero decir, eso debe ser mejor que «Iglesia Menonita de Hartville, MYF» (Asosiación Juvenil Menonita), ¿cierto? ¿Cómo podemos hacer que cada evento sea más emocionante que el anterior? Estoy tan cansado de esto.

Estoy cansado de hacer siempre lo mismo. ¿Por qué? ¡¡NO ESTÁ DANDO RESULTADOS!! Ahora bien, para ser intelectualmente honesto, es posible que yo no sea un grandioso pastor de jóvenes. Es posible. Siempre hay algo sobre lo cual yo podría estar trabajando. Pero al mismo tiempo, sé que Dios me ha llamado aquí con un propósito y por una razón. Esa razón es amar a los chicos y orientarlos hacia el reino. ¿Pero cómo? Tenemos la Escuela Bíblica Dominical. Tenemos estudios bíblicos. Tenemos actividades y eventos para levantar fondos. Visito a algunos chicos en el colegio. ¿Les suena familiar? Seguro que sí. Es así como el ministerio juvenil se ha llevado a cabo desde sus comienzos. Está descompuesto. Y no sé cómo arreglarlo. ¿Qué es lo que hacemos en un mundo postmoderno, postcristianismo? ¿Resulta esto así de inquietante para alguien más?

Entonces, ¿qué es lo que me impide cambiar? Dos cosas: el temor y la incertidumbre.

Lo que temo son las repercusiones del cambio en mi congregación. Es una cuestión de «represalias». Temo que resulte inaceptable y se considere imprudente. Para decirlo sin rodeos, tengo miedo de perder mi trabajo. Le temo al fracaso (sea lo que sea que eso signifique). Temo estar equivocado y producir daño. Temo que sea algo que la iglesia no sea capaz de sostener. Temo que pueda herir a los jóvenes, aun cuando lo que me motiva sea el amor hacia ellos.

Incertidumbre: Si no lo hacemos de esta manera, ¿cómo se supone entonces que debamos hacerlo? Hay un vasto desconocimiento en este punto. ¿Qué forma debería tomar mi grupo de jóvenes? Tal vez no se trate de qué forma debería tomar, sino que probablemente sea un tema de «Valores Comunes». Quizás sea necesario que nos reestructuremos, no a partir de una declaración de visión, sino a partir de lo que valoramos como comunidad. Tal y como muchos otros ministerios, no tenemos valores comunes que nos sustenten.

¿Y ahora qué? Es momento para un cambio, ¿pero cuál? No estamos teniendo resultados. Enfrentémoslo. No es una moda ni una temporada. Es la realidad. Estamos trabajando en el ministerio juvenil igual que en los '70. Las mismas cosas viejas en zapatos nuevos. Es hora de ser honestos y abrazar el cambio. Pero, ¿dónde comenzamos?

Me encanta la honestidad de Joe, y puedes ver fácilmente en su texto muchos de los temas que abordamos en este libro. Se lo dije a Joe y también te lo digo a ti (no importa que seas un líder juvenil voluntario o remunerado, un pastor de adultos u otro tipo de líder de la iglesia): Joe está expresando una frustración que miles de líderes juveniles sienten y experimentan cada día. Si eres un líder juvenil en esta condición, sabes que no estás solo ni loco. Si eres un pastor de adultos o un líder de la iglesia, entonces presta especial atención a los temores de Joe, que son comunes a la gran mayoría de los líderes juveniles que sinceramente desean producir el cambio necesario. Por favor, sé un dador de permisos lleno de gracia que los aliente.

Ahora, la maravillosa historia de una valiente pareja de líderes juveniles y de cuatro iglesias llenas de coraje.

Conocí a Seth y a Crystal Dady en una de las Convenciones Nacionales para Líderes Juveniles. Esperaron pacientemente al final de un seminario que yo acababa de dar, titulado «Una nueva visión para el Ministerio de Estudiantes de Secundaria», durante el cual yo había insinuado algunos de los temas de este libro. Después de atender a una fila de gente con preguntas, ellos se me acercaron con la suya. Para ser honesto, no recuerdo la pregunta; solo recuerdo su historia. A medida que contaban pedacitos de ella, yo los interrumpía para pedirles que me contaran más.

Seth y Crystal tienen un ministerio juvenil en Lake City, una pequeña ciudad en las montañas de Colorado. El suyo no es un ministerio juvenil perfecto y nunca afirmarían que lo sea. Pero es radical y revolucionario en un importantísimo aspecto: a Seth y Crystal los sostienen conjuntamente las cinco iglesias que existen en su ciudad. ¿Captaste eso? Seth y Crystal son los líderes juveniles de su ciudad, y fueron contratados para liderar un ministerio juvenil independiente (que de alguna manera, sin embargo, este relacionado con las cinco iglesias) para alcanzar a los adolescentes de Lake City.

Y la mezcla de las cinco iglesias que contrataron a Seth y Crystal es increíble: Asociación de Gracia (no denominacional), Primera Iglesia Bautista de Lake City, Iglesia Católica Santa Rosa de Lima, Iglesia Episcopal St. James, e Iglesia Presbiteriana de la Comunidad.

En muchos aspectos, su pequeño ministerio juvenil hace las mismas cosas que muchos de los ministerios juveniles hacen. Pero la visión es diferente. Seth y Crystal, contratados por estas cinco iglesias con creencias ampliamente diferentes, están ministrando en los márgenes. Están sentados en la escalera que lleva al submundo de la cultura juvenil, y están construyendo relaciones con chicos reales... fuera de las paredes de la iglesia. Están construyendo un ministerio juvenil para y con los chicos que se reúnen, y lo están haciendo crecer a través de las redes sociales naturales que existen en su ciudad.

Yo estaba asombrado. De hecho, los llamé al escenario durante una de las plenarias generales de nuestra convención y conté su historia a los 4.500 líderes juveniles que estaban presentes. Seth y Crystal escucharon con asombro y lágrimas de humildad el aplauso y el aliento de miles de líderes juveniles. El sentido emocional de esperanza podía palparse en la sala, y yo casi podía ver pequeñas burbujas de pensamiento sobre cientos de cabezas, conteniendo las palabras: «Si alguien puede hacer algo diferente, entonces tal vez yo también pueda».

Deseamos mantener a Seth y Crystal cerca, por lo que les entregué un gran certificado de regalo para obtener recursos de nuestra tienda, y una registración gratuita para que el próximo año nos acompañen nuevamente en la Convención Nacional para Líderes Juveniles. Hoy estoy en su lista de oración, y periódicamente recibo de ellos e-mails que me mantienen al día.

Y, finalmente, el intercambio de e-mails que tuve con Kerry Snyder, un líder juvenil de Arizona. Dejaré que el e-mail de Kerry les cuente su historia:

> *Gracias por abrir este correo. Estoy buscando algo de retroalimentación y tu opinión sobre una idea que mi pastor de jóvenes y yo tuvimos hoy.*
>
> *Durante los últimos cinco años he sido pastor del ministerio con estudiantes en una iglesia aquí en Arizona. Hemos estado en estas instalaciones durante casi tres años, y nuestra iglesia ha crecido, de 600 miembros cuando empecé, a 1800 ahora.*
>
> *En lo que se refiere a los estudiantes, comenzamos con 40 chicos de 6° a 12° grado. Ahora tenemos más de 200 en promedio cada domingo. Y tenemos también alrededor de 80 de secundaria y 130 de preparatoria. El problema es que, en cuanto a presupuesto, solo hemos crecido en 3.000 dólares. Actualmente tenemos un presupuesto anual de 12.000 dólares para todos los ministerios estudiantiles.*
>
> *Cada año, al pasar revista, el directorio y los pastores se alegran y hablan sobre el trabajo que hemos hecho con tan pequeño presupuesto y nos dan esperanzas de tener uno mayor próximamente, entre otras cosas; pero, por desgracia, a menudo es lo primero que recortan.*
>
> *Pero este correo no se trata de nuestros números ni de nuestras frustraciones presupuestarias. No pretendo rezongar ni quejarme. Nosotros tenemos una tonelada de aliento y apoyo de nues-*

tro equipo y de nuestro directorio. Definitivamente, Dios nos ha bendecido y ha traído al ministerio toneladas de estudiantes que están respondiendo de forma asombrosa al llamado de Dios en sus vidas. Somos bendecidos; muchas iglesias no tienen esta cantidad de chicos, ni este tipo de respuesta, ni esta cantidad de dinero. Hemos estado trabajando en África y en Fidji. Sé que ellos llevan a cabo el ministerio con muchísimo menos. En 13 años de ministerio, nunca he permitido que el dinero determine el llamado de Dios ni la visión sobre el ministerio. Él me ha puesto aquí. Pero a veces el dinero es una necesidad, especialmente cuando se trata de actividades de servicio a la comunidad, noches de adoración, y todos los implementos necesarios para nuestros elementos experienciales y receptivos.

Habiendo dicho esto, hoy en nuestra reunión de equipo del ministerio estudiantil se nos ocurrió una idea bastante interesante y experimental: un ministerio con presupuesto cero. Decidimos que los 12.000 dólares podrían entregarse a nuestros movimientos misioneros estudiantiles (Visión Abolición y Visión África), o a nuestros programas comunitarios y de servicio.

No se trata de probar que nuestro directorio está «equivocado» o de darles una bofetada. Tampoco es una protesta silenciosa contra un presupuesto pequeño. Es un experimento. Uno que, si logramos llevarlo a cabo, podría ser muy impactante para nuestro ministerio y también para la iglesia. Todos nos comprometimos a orar por esto diariamente durante dos semanas y tam-

bién a contactar a otros a quienes respetemos y cuyas opiniones valoremos.
También decidimos permitir que nuestros chicos realmente «sean dueños» de este ministerio, utilizando sus ofrendas para mantenerlo, así como también nosotros entregaremos lo que ellos den a organizaciones como Children of the Nations (niños de las naciones), o algo por el estilo.

Así que lo que estoy pidiendo es tu honesta retroalimentación con respecto a esta idea. Cualquier pensamiento, idea o comentario, será muy bien recibido.

Le contesté a Kerry con afirmación y con algunas palabras de precaución. (Por ejemplo, deberían estar conscientes de que si eligen usar su presupuesto de esta forma, es muy probable que haya gente dentro de la iglesia que crea que su presupuesto realmente debería cortarse por completo).

Kerry respondió:

Marko:
Por cierto, decidimos hacerlo. Estaremos presentando este proyecto al equipo y al directorio en las próximas semanas. Estamos comprometidos a seguir adelante con este experimento por lo menos durante un año. Si resulta, pensamos que puede crecer al punto en que incluso puedan cubrirse nuestros salarios. ¿Quién sabe? Siento que Dios nos está llamando a encarar esto por fe. Nos hace ser absolutamente dependientes de Él, más creativos, más intencionales, diciéndole que no a más cosas mientras nos enfocamos más en lo más importante: Cristo.

Me gusta tanto lo que Kerry y su equipo están haciendo. Me encanta que estén tomando sus frustraciones y yendo en dirección totalmente opuesta a lo esperado. Me encanta que primero hayan pasado por un proceso de discernimiento para tomar esta decisión y que no se limitaron a escribir una propuesta para después votar por ella. Me gusta que ellos esperen fracasos, en alguna medida. Me gusta que estén eligiendo este camino porque les forzará a realmente innovar y a involucrar a los adolescentes en el proceso. ¡Me encanta que sea un experimento valiente y salvaje!

Estoy seguro de que podríamos encontrar cientos de otras historias maravillosas sobre líderes juveniles que están experimentando con el Ministerio Juvenil 3.0. El problema es que el espíritu humilde y los valores de esta nueva mentalidad dan como resultado personas que la han adoptado tempranamente pero que no tienen un verdadero interés en ser identificados, copiados o mercantilizados. Así es que la mayoría de ellos están trabajando fielmente y pasando desapercibidos.

Mi esperanza y mi sueño es que veamos una gran ola de líderes juveniles valientes que estén dispuestos a fracasar, dispuestos a arriesgarse, dispuestos a dar un paso de fe y pasión hacia el llamado para alcanzar a los adolescentes de la Cultura Juvenil 3.0 con el amor presente y transformador de Cristo Jesús. Mi esperanza y mi sueño es que dentro de 10 años podamos fácilmente mostrar cientos de ejemplos, miles de ejemplos, de ministerios juveniles contextuales, comunionales, misionales, y presentes, que estén viviendo el evangelio en el mundo real de los adolescentes del día de hoy. ¡Amén a esto!

Terminaré con la hermosa paráfrasis que escribió Eugene Peterson de las instrucciones que Jesús dejó a los discípulos, en Mateo 10:9-10 (el énfasis es mío):

«No crean que deben hacer una campaña para recaudar fondos antes de comenzar. No necesitan mucho equipamiento. ***Ustedes son el equipamiento****, y todo lo que necesitan para que siga funcionando son tres comidas al día. Viajen livianos de equipaje».*

NOTAS

1. Si tienes un espíritu lo suficientemente cruel, y deseas verme luchar para mantener el aliento... si quieres reírte de mí junto a mis «amigos» que estuvieron conmigo ese día... entonces puedes encontrar un link para ver el video en la Web en esta dirección: http://www.youtube.com/watch?v=xRXgwcQdpnE.

2. Barna Group, «Twentysomethings Struggle to Find Their Place in Christian Churches» («Los de veintitantos años luchan por encontrar su lugar en las iglesias cristianas»), The Barna Update, 24 de septiembre de 2003. Puedes encontrar el artículo en inglés en: http://www.barna.org/barna-update/article/5-barna-update/127-twentysomethings-struggle-to-find-their-place-in-christian-churches?q=twentysomethings (visitado el 30/04/10).

3. Staff de LifeWay, «LIfeWay Research Uncovers Reasons 18 to 22 Year Olds Drop Out of Church» («Investigación de LifeWay revela las razones por las que los chicos de 18 a 22 años abandonan la iglesia»). Puedes encontrar el artículo en inglés en: http://www.lifeway.com/lwc/article_main_page/0%2C1703%2CA%25253D165949%252526M%25253D200906%2C00.html (visitado el 30/04/10). Aunque la investigación reporta un número del 70%, se aclara lo siguiente: «Un nuevo estudio de Investigaciones

LifeWay revela que más de dos tercios de los jóvenes adultos que asisten a iglesias protestantes al menos por un año durante la escuela secundaria, dejarán de asistir regularmente a la iglesia al menos por un año entre los 18 y 22 años de edad». Esto significa que un adolescente que estaba involucrado en un grupo de jóvenes por un año en la secundaria, pero que dejó de asistir, será incluido en la investigación como alguien que «abandonó», aunque sea diferente del caso de un estudiante que estuvo en un ministerio de jóvenes durante cuatro años y después dejó de asistir a la iglesia. Este hecho y otras encuestas (tales como la investigación del Barna Group en la nota anterior e investigaciones similares hechas por la organización Gallup), hacen que sea creíble un porcentaje de deserción más cercano al 50%.

4. En *Soul Searching: The Religious and Spiritual Lives of American Teenagers* (Búsqueda del alma: las vidas religiosas y espirituales de los adolescentes norteamericanos) (Oxford University Press, 2005), los autores Christian Smith y Melinda Lundquist Denton sugieren que «la religión dominante *de facto* entre los adolescentes contemporáneos de los EEUU es lo que podríamos llamar «deísmo moralista terapéutico». El credo de esta religión, según la codificación de lo que surgió de nuestras entrevistas, suena más o menos así:

   - Existe un Dios que creó y rige el mundo y cuida la vida humana sobre la Tierra.
   - Dios quiere que la gente sea buena, amable y justa con los demás, como es enseñado en la Biblia y por la mayoría de las religiones del mundo.

- El objetivo central de la vida es ser feliz y sentirse bien con uno mismo.
- Dios no necesita estar particularmente involucrado en la vida de alguien, excepto cuando se necesita a Dios para que resuelva un problema.
- La gente buena va al cielo cuando muere» (pp. 162-163)

5. Al momento de este escrito, se podía ver el comercial del hoyo de Wendy's en YouTube en: www.youtube.com/watch?v=9Qd5UEfs4W8.

6. Jon Savage ha escrito un excelente libro, y muy útil (aunque extremadamente largo), para cualquiera que realmente quiera entender el fenómeno cultural que es la cultura juvenil. El libro se llama *Teenage: The Creation of Youth Culture* (Adolescencia: La creación de la cultura juvenil) (Viking 2007). En él examina los movimientos culturales y las organizaciones para la juventud, comenzando desde mediados del 1800 hasta el final de la Segunda Guerra Mundial, cuando la cultura juvenil se convirtió en una subcultura ampliamente reconocida tanto en Norteamérica como en Europa.

7. *Adolescence: Its Psychology and Its Relations to Physiology, Anthropology, Sociology, Sex, Crime, and Religion* (Adolescencia: su psicología y sus relaciones con la Fisiología, la Antropología, la Sociología, el sexo, el crimen, y la religión) (Appleton, 1904). He escuchado a la gente decir (y yo también lo he dicho) que Hall acuñó el término *adolescencia*. Este no es el caso. El término existía, al parecer, unos cientos de años antes de Hall. Pero, ciertamente, Hall fue el que popularizó la palabra, y fue la primera vez que la mayoría de la gente la

escuchó (por eso es que mucha gente cree que él la inventó).

8. Hall fue un fiel evolucionista, y un portador del estandarte del Darwinismo. Las conexiones, yo creo, son claras: Dado que su pensamiento ya estaba comprometido con la evolución, Hall fue capaz de ver a la cultura evolucionar y cambiar. Esto le permitió considerar el «surgimiento» de un nuevo fenómeno dentro de una cultura cambiante.

9. El concepto de Hall de «tormenta y estrés» (y los tres elementos claves), fueron populares durante unas pocas décadas, pero después dejaron de estar de moda entre aquellos que estudiaban, hablaban y escribían sobre los adolescentes. En años recientes, el concepto ha visto un pequeño resurgimiento, pero no como una experiencia universal o una forma para describir la adolescencia. Incluso aquellos que creen que es casi universal explican que podría ser un cambio demasiado rápido para algunos adolescentes. Para saber un poco más sobre esto, lee el artículo en Wikipedia sobre Stanley Hall: http://es.wikipedia.org/wiki/Stanley_Hall.

10. Estos tres puntos no deberían confundirse con los tres elementos clave de «tormenta y estrés», según fueron descritos por Hall.

11. Los investigadores que estudian el inicio de la pubertad, por lo general estudian a las chicas. Hay un par de razones para esto. Primero, aunque las niñas muestran oficialmente signos de pubertad con el crecimiento de los pechos y el vello púbico, la menarca (su primer período) es un indicador ampliamente aceptado. Estos indicadores son

todos visibles. Y las chicas, a través del tiempo, han estado dispuestas a hablar sobre sus primeros periodos (al menos con personas en las que confían). El inicio de la pubertad para los chicos es menos obvio y no se ha llegado a un acuerdo... Algunos dicen que es la primera polución nocturna de un chico. Otras personas tienen diferentes definiciones. De cualquier forma, los chicos no hablan sobre esto. De hecho, los chicos mienten sobre esto. Así que los investigadores estudian a las chicas. Lo que sí sabemos es que los chicos tienden a demorar cerca de un año o un año y medio más que las niñas en el inicio de la pubertad y en otras realidades del desarrollo adolescente.

12. Hay muchos otros factores que juegan en el surgimiento de un mayor enfoque en la cultura juvenil, tales como nuestra obsesión cultural con la juventud, el rol de las celebridades adolescentes y adultos jóvenes, el incremento del poder de compra de los adolescentes (el cual, como escribí anteriormente, crea un efecto cíclico en compañías que gastan millones en marketing para clientes adolescentes), y otros. Pero a menudo he visto que se pasa por alto este «factor meramente numérico» relacionado con la expansión de la adolescencia.

13. Este número es fuertemente debatido. Me parece curioso que la gente se apasione tanto por estar en desacuerdo con la investigación sobre este tema. Realmente, el tono de voz cuando la gente expresa su escepticismo solamente puede ser descrito como si se sintieran «amenazados». No estoy completamente seguro de por qué se sienten amenazados. Una posibilidad generosa es que ellos desean proteger los años de la infancia para

que no sean absorbidos por la adolescencia (una tendencia que, dejando a la pubertad de lado, parece ser impulsada por el marketing hacia los preadolescentes e incluso hacia niños menores). Cuando cito estos números, a menudo me piden (a veces lo hace un escéptico, a veces alguien que simplemente está interesado y no está en desacuerdo) referencias sobre estudios que respalden esto. Si bien he incluido estas notas finales, este libro de seguro no es un libro realmente académico (¡obvio!), y no voy a defender por completo mi posición, sino simplemente voy a decir que estos números han sido demostrados una y otra vez en diferentes estudios. Citaré unos pocos de ellos, aunque sea para que nos permitan avanzar:

> Marcia E. Herman-Giddens, Eric J. Slora, Richard C. Wasserman, Carlos J. Bourdony, Manju V. Bhapkar, Gary G. Koch, y Cynthia M. Hasemeier. «Secondary Sexual Characteristics and Menses in Young Girls Seen in Office Practice: A Study from the Pediatric Research in Office Settings Network» (Características sexuales secundarias y menstruaciones en jovencitas observadas en la práctica de consultorio: un estudio de la red de investigaciones pediátricas en ámbitos de consultorio), *Pediatrics* 99, abril de 1997, pp. 505–512. http://pediatrics.aappublications.org/cgi/content/Abstract/99/4/505 (página visitada el 30/03/08).

> Diana Zuckerman Ph.D., «When Little Girls Become Women: Early Onset of Puberty in Girls» (Cuando las niñas se convierten en mujeres: el inicio temprano de la pubertad en las niñas), National Research Center for Women &

Families-Childrens Health (Centro nacional de investigaciones para mujeres y familias - Salud infantil), http://www.center4research.org/children11.html (página visitada el 30/03/08).
P.B. Kaplowitz, S.E.Oberfield y los Comités Ejecutivos de Medicamentos y Terapias de la Lawson Wilkins Pediatric Endocrine Society, «Re-examination of the Age Limit for Defining When Puberty is Precocious in Girls in the United States» (Re-evaluación del límite de edad para definer cuándo la pubertad es precoz en las niñas en los Estados Unidos), *Pediatrics* 104, abril de 1999, pp. 936-941.
http://pediatrics.aappublications.org/cgi/content/full/104/4/936?ijkey=51a3e30c7ef6635654 1e2f346991c5cc9300baf7 (página visitada el 30/03/08).

14. La otra pregunta que resulta interesante para las personas en este tema del descenso de la edad de inicio de la pubertad es: ¿por qué? Durante años existieron tres teorías que competían. Algunos pensaban que se debía a las hormonas, conservantes y otros aditivos en nuestra dieta, otros pensaban que era debido a la dieta más balanceada (comparada con la gente que vivió cientos de años atrás), y otros conjeturaron que este cambio era una respuesta psicológica a la presión cultural sobre los chicos de que actuaran como mayores a edades cada vez más tempranas. Pero en los últimos años, la primera de estas teorías (hormonas, aditivos y conservantes en nuestra comida) parece haber ganado la discusión, tanto en la investigación como en la opinión popular.

15. Conecta esto con el deseo de los ya crecidos «baby boomers» de aferrarse a aspectos de su adolescencia, y surge una pila de resultados sociológicos nuevos, tales como la desaparición de la brecha generacional, el predominio de la cultura juvenil en el establecimiento de tendencias, la mercantilización de las celebridades adolescentes, y (cuando se combina con el auge de Internet y el libre acceso instantáneo a la información), el surgimiento de una cultura juvenil globalizada.

16. Tomado, en el original en inglés, de Dictionary.com (http://dictionary.reference.com/browse/identity).

17. Tomado, en el original en inglés, de TheFreeDictionary.com (http://www.thefreedictionary.com/identity).

18. Tomado, en el original en inglés, del Cambridge Advanced Learner's Dictionary (http://dictionary.cambridge.org/define.asp?key=38918&dict=CALD).

19. Chap Clark, en su lectura de este manuscrito, me envío un comentario útil y bien pensado sobre estas tareas del desarrollo, el cual compartiré como cita textual: «Usted se inclina claramente por el pensamiento tradicional de la psicología de desarrollo, sin embargo, tanto teológicamente (ver Salmo 139, por ejemplo) como en algunos círculos de estudio sobre el desarrollo, la verdadera búsqueda es «el descubrimiento espiritual», lo que significa que Dios nos creó únicos, con dones, llamado y carácter específicos. La *formación* no se alinea con una teología robusta sobre la creación o la redención». El comentario de Chap amerita más pensamiento de mi parte y de la tuya. ¡Muy bueno!

20. Para ser claros, esta adquisición de, y este viraje hacia, el pensamiento abstracto es un proceso de muchos años, abarcando la mayor parte de los años de la adolescencia. Con la prolongación de la adolescencia, algunos han empezado a hablar de que la adolescencia tiene tres fases distintas: La adolescencia temprana (o primera), la adolescencia media, y la adolescencia tardía (o lo que Jeffery J. Arnett invita a llamar «la adultez emergente»). Las «habilidades» que vienen con el pensamiento abstracto no solo involucran la cognición y el procesamiento, sino también la cosmovisión y las relaciones. Se dice que los adolescentes medios atraviesan un periodo que algunos están llamando «abstracción egocéntrica». Chap Clark dice: «Debido a la prolongación de la adolescencia en la modernidad tardía, de aproximadamente 15 a 19 años de edad, la identidad y la autonomía parecen tan distantes e insostenibles, que los adolescentes medios sienten como si ellos tuvieran que hacer lo que sea para protegerse a sí mismos».

21. Recientes investigaciones han revelado que la parte del cerebro humano que es la principal responsable de muchas de estas funciones abstractas (en particular la de la formación de hipótesis, la especulación, la toma de decisiones, y todas las funciones relacionadas con la sabiduría) está subdesarrollada en los adolescentes, y no está aún totalmente formada (psicológicamente hablando) hasta alrededor de los 25 años. Hay aun una gran cantidad de debate sobre esto, debido a que los descubrimientos son tan recientes, pero las implicancias parecen ser que los adolescentes adquieren esta nueva habilidad de pensamiento abstracto en la pubertad. A ellos les cuesta ponerlo en uso

no solo por causa de la inexperiencia, sino también porque sus cerebros aún no han terminado de desarrollarse. En otras palabras, hay una explicación biológica para el hecho de que los adolescentes son tan lentos para «captar» algunas de estas cosas, y de que son tan llamativamente malos para tomar decisiones, priorizan mal, y tienen falta de sabiduría en general. Para saber más acerca de esto, lee el excelente libro *The Primal Teen* (El adolescente fundamental) de Bárbara Strauch (Doubleday 2003).

22. La literatura psicológica llama a esto una «audiencia imaginaria».

23. De la correspondencia personal con Chap Clark, Abril 2008.

24. Gracias al Dr. Marv Penner por su aporte.

25. En vez de referirse a esto como «personalidades separadas» algunos se están refiriendo a esta realidad como «niveles» o «capas», sugiriendo que en cada una de estas situaciones, mi hija está viviendo como tres diferentes, pero auténticas, personas.

26. Esto se convertirá en cualquier cosa menos en una historia académica del ministerio juvenil. Realmente, para analizar una historia completa de ministerio juvenil, uno tendría que ir bastante más atrás que los años '50. Estoy comenzando desde allí porque considero a esa época como los inicios de lo que estoy llamando «el movimiento del ministerio juvenil moderno»... lo que significa que el ministerio juvenil existe en respuesta a una cultura juvenil universalmente aceptada. Mark Senter tiene una historia razonablemente buena del ministerio juve-

nil (yendo más atrás) en su actualmente agotado (pero aún fácil de hallar) libro: *The Coming Revolution in Youth Ministry* (La revolución que viene en el ministerio juvenil), Victor Books, 1992. Se rumorea que Senter está escribiendo una historia bastante larga del ministerio juvenil, así es que estate atento. Me resultó de mucha ayuda para comprender los movimientos sociales anteriores a la Segunda Guerra Mundial que establecieron la plataforma para la cultura juvenil moderna el libro de Jon Savage: *Teenage: The Creation of Youth Culture* (Adolescencia: la creación de la cultura juvenil), Viking, 2007. Savage rastrea los movimientos juveniles en Norteamérica y Europa desde mediados del 1800 hasta finales de la Segunda Guerra Mundial.

27. Véase nuevamente *Teenage: The Creation of Youth Culture,* de Jon Savage. Es un tratado de 500 páginas sobre esto. Por un lado, leer este libro me brindó mucha más información de la que yo necesitaba, pero por otro lado, realmente me proporcionó un entendimiento más profundo sobre la marea creciente hacia el reconocimiento de la cultura juvenil.

28. Un factor absolutamente crítico aquí, y que no debería faltar, es el surgimiento de las escuelas preparatorias en Norteamérica. A finales de los años '40, por primera vez en la historia de... bueno... el planeta, había más adolescentes en la escuela secundaria que fuera de ella. Este crecimiento continuó a través de los años 50 hasta que la asistencia a la escuela secundaria llegó a ser tanto obligatoria como absolutamente normal. Las escuelas secundarias llegaron a ser una «cápsula de Petri»

para la explosión de la cultura juvenil, proveyendo un «lugar» que no había existido antes.

29. Lee un breve resumen (en inglés) de la historia de Youth for Christ (Juventud para Cristo) en esta página de su sitio Web: http://www.yfc.net/Brix?pageID=12575 (página visitada el 9 de abril de 2008).

30. Para ser justos, Young Life se inició antes de la Segunda Guerra Mundial y fue pionera en muchos de los aspectos de «club» que le estoy atribuyendo al pensamiento y a las prácticas del Ministerio Juvenil 2.0. Para leer un breve resumen de la historia de Young Life, véase esta página de su sitio Web: www.younglife.org/AboutYoungLife/History.htm (página visitada el 9 de abril de 2008).

31. Estoy seguro de que algo se podría decir aquí acerca de la sociología o psicología de esto. La mayoría de los primeros líderes juveniles eran evangelistas de corazón. Ellos trajeron sus dones espirituales y su pasión por su trabajo con los adolescentes. Así que sería un tanto falso declarar simplemente que la cultura juvenil pidió por evangelistas en ese momento, ya que hay algo como lo del huevo y la gallina en esto.

32. De nuevo, para ser justos, esta condescendencia hacia la «otra» cultura una era práctica común en las misiones de aquel momento.

33. Kenda Dean, «The New Rethoric of Youth Ministry» (La nueva retórica del ministerio juvenil), *Journal of Youth and Theology 2,* no. 2 (noviembre de 2003), pp. 9.

34. Kenda Dean, «The New Rethoric of Youth Ministry» (La nueva retórica del ministerio juvenil), *Journal of Youth and Theology 2,* Nº 2 (noviembre de 2003); Kenda Dean, *Youth Ministry as the Transformation of Passion: A Practical Theological Analysis of Youth and Their Ministry to American Mainline Protestantism* (El ministerio juvenil como la transformación de la pasión: un análisis teológico práctico de la juventud y su ministerio hacia el protestantismo norteamericano tradicional) (disertación de doctorado para el Seminario Teológico de Princeton, 1996); y correspondencia por correo electrónico con Dr. Kenda Dean, de abril de 2008.

35. Andy era un alumno de doctorado de Kenda Dean en Princeton y desarrolló sus ideas en su tesis, que se transformó en un libro, *Revisiting Relational Youth Ministry: From a Strategy of Influence to a Theology of Incarnation* (revisando el ministerio juvenil relacional: de una estrategia de influencia a una teología de la encarnación) (IVP, 2007).

36. Por supuesto, en aquel momento la mayoría de los pastores de jóvenes eran un poco mayores que los jóvenes propiamente dichos, y veían al ministerio juvenil como un camino hacia otros (léase: más importantes) roles en el ministerio pastoral. Las iglesias veían a los pastores juveniles como «jóvenes auxiliares» o «pastores en entrenamiento» y generalmente se asumía que los pastores juveniles estarían allí solo unos pocos años antes de crecer y llegar a un trabajo en el ministerio «real».

37. Mis respetos para la iglesia en la que crecí, la Iglesia Presbiteriana Ward, en aquel entonces en Livonia, Michigan, por ser extremadamente revolucionaria

al contratar a tiempo completo un pastor de adolescentes a mediados de los años '70, cuando casi no se oía qué existiera tal puesto en el equipo pastoral.

38. Una historia graciosa: Poco tiempo después de vender su «primera edición» de *Ideas*, Mike y Wayne se acercaron hasta el mostrador del registro del condado de San Diego, para registrar su nuevo negocio. El cajero les preguntó el nombre de la organización, y ellos se miraron uno al otro y se dieron cuenta de que se habían olvidado de pensar en ese pequeño detalle. La cosa es que Mike le dijo a Wayne: «¿Como lo llamaremos?». Wayne respondió: «No sé. Yo tengo un "Corvette Specialties" al lado de mi casa... ¿qué tal si lo llamamos "Youth Specialties" (Especialidades Juveniles)?». Y así fue. Un corto trámite de impuestos y minutos más tarde, Youth Specialties se hizo acreedora de un nombre que, afortunadamente, ha funcionado bien por cuatro décadas. Simplemente estamos felices de que Wayne no haya pensado en el Palacio de los Panqueques de cerca de su casa, o habríamos terminado con un nombre horrible.

39. Como señalé anteriormente, esto tiene mucho que ver con el poder de compra y los grandes negocios, como todo. La gente de marketing se dio cuenta de que había una fruta madura y lista para ser cosechada y comenzaron a crear miles de productos para adolescentes, así como también a publicitar productos dirigidos específicamente a personas no tan jóvenes, pero de una manera juvenil. La insaciable sed de los adolescentes de tener su propia música dio lugar al enorme crecimiento de la industria discográfica en los explosivos géne-

ros de rock, pop y R&B (rhythm & blues). Además de esto, las estaciones de radio orientadas hacia los jóvenes se multiplicaron en número, y las películas apuntadas específicamente a adolescentes fueron furor. Se publicaron libros para el lector adolescente. De hecho, por primera vez, estos libros fueron totalmente escritos para el consumidor adolescente, no solo para adultos que tenían algo que decir a «esos malvados chicos».

40. Tan solo basta con mirar uno cualquiera de las decenas (o cientos) de aspectos de la cultura juvenil para verlo. Pero tomemos uno fácil: la música. Cuando un género musical que había sido previamente de dominio exclusivo de los jóvenes (es decir, con los adultos diciendo: «¡Simplemente no entiendo ese ruido!») se vuelve ampliamente aceptado, nuevos géneros y subgéneros aparecen para redefinir los límites. Cuando los padres de todo el mundo también escuchaban música rock, apareció el «rock alternativo». Como ahora se volvió algo común, la palabra *alternativo* combinada con *rock* hoy día no significa nada. Entonces otros subgéneros florecen. Usemos el emo como ejemplo (es un género musical derivado del rock alternativo). Al principio el emo era ampliamente incomprendido por los adultos, lo cual lo mantenía dentro del pequeño y maravilloso dominio privado de los adolescentes. Pero ahora el emo ha llegado a ser algo común, y los adultos están comprando los álbumes de «Death Cab for Cutie», tanto como lo hacen los adolescentes. Así que el emo tuvo que subdividirse en unas cuántas docenas de nuevos subgéneros, simplemente para crear un nuevo club «solo para adolescentes».

41. Este no es un libro sobre la cultura de la iglesia en general, así que no entraré en muchos detalles aquí. Pero un rápida lectura de lo siguiente revela el amor que teníamos por la sistematización desde la década de los '70 hasta la década de los '90: Las cuatro leyes espirituales, Explosión de evangelismo («Si tú fueras a morir esta noche...»), Willow Creek, Saddleback, El «pastor de un minuto», y muchos otros. Muchos de estos, (Willow Creek y Saddleback entre ellos) han avanzado más allá del enfoque de esa época de «ven y aprende a hacerlo a nuestro modo». Otros en esta lista han defendido su terreno y se han vuelto casi obsoletos.

42. Durante esta época, el evangelismo en el ministerio juvenil se vio relegado, quedando principalmente en manos de las organizaciones paraeclesiásticas del ministerio juvenil que realmente llegaron a tener su propia identidad al lado de (y a veces compitiendo con) la iglesia.

43. Esta fórmula «éxito=cantidad» viene directamente del diablo, y permea a muchas, si no a la mayoría, de nuestras iglesias. Es ahora tan parte de nuestro pensamiento, que es casi imposible pensar de forma diferente. Soy un apasionado del no impresionarse con los números, pero recientemente, cuando un amigo me compartió (para ser justo con él, lo hizo con humildad) que tuvo más de 800 adolescentes asistiendo a su retiro de invierno, no lo pude resistir, ¡estaba super-hiper impresionado! *Dí por sentado* que debía ser bueno. *Di por sentado* que ameritaba ser copiado. Entonces, los números *sí* significan algo. Es solo que ellos no siempre prueban que las cosas estén bien o sean correctas. Si un grupo de jóvenes salta de 12 chicos a 40, entonces debería

notarse y deberíamos preguntarnos: «¿Es porque estamos proveyendo un lugar seguro y lleno de amor para los chicos? ¿O es acaso porque estamos montando un show realmente bueno?» Del mismo modo, si un grupo baja lentamente de 40 a 12 chicos, entonces nos tenemos que hacer otro tipo de preguntas: «¿Es porque somos irrelevantes, o inseguros o exclusivos? ¿O es porque hemos decidido dejar de solo entretener a los chicos y darles premios fabulosos?»

44. Al momento de escribir esto, el video, llamado «Louisiana State Employees» (trabajadores del estado de Lousiana), se podía ver en YouTube en http://www.youtube.com/watch?v=e0SfpH2AFdk.

45. Por supuesto, estos son los pensamientos del pastor de jóvenes. A menudo, la respuesta de la iglesia es: ¡*Necesitamos un nuevo pastor de jóvenes!*

46. Sí, ya sé que «el milenio pasado« fue solo unos cuantos años atrás, ¡pero es una coincidencia divertida que esto resulte cierto!

47. Traducción de la cita en inglés de *The Shaping of Things to Come* (La formación de las cosas por venir), por Michael Frost y Alan Hirsch (Hendrikson, 2003), vi.

48. Resource Interactive, «Decoding the Digital Millennials: Large in Number, Huge in Influence» (decodificando a los mileniales digitales: grandes en número, gigantescos en influencia), *Litmus,* noviembre de 2006, p. 3, http://www.resource.com/adx/aspx/adxgetmedia.aspx? MediaID=654 (página visitada el 30/03/08). La cita clave de este estudio: «(los

mileniales digitales) deberían ser vistos como co-compradores de casi todo lo que se compra dentro de una casa, desde el 81% de la ropa hasta el 52% de los vehículos» (Harris Interactive, 2006).

49. Caso puntual: Mi hija de 14 años recientemente ha dejado la música que escuchaba de forma exclusiva, pop/R&B, y ha elegido música más definida. Ella revisó mis iTunes y ahora es una gran fanática de My Chemical Romance, Chris Cornell, Audioslave, Death Cab for Cutie, Arctic Monkeys, Beck, y un montón de otras músicas *¡que obtuvo de mí!* Mi dieta musical sigue siendo dramáticamente más amplia que la suya, pero ya no peleamos por la estación de radio en el auto.

50. Para saber más acerca de este fenómeno de lo «subterráneo», y especialmente del dolor en las vidas de los adolescentes que los conduce allí, véase el fantástico e inspirador libro del Dr. Chap Clark, *Hurt: Inside the World of Today's Teenagers* (Herido: dentro del mundo de los adolescentes de hoy), (Baker Academic, 2004).

51. Si la metáfora del subterráneo no funciona para ti, y te hace pensar en un subterráneo *literal*, entonces en lugar de eso piensa en esta faceta de la cultura adolescente como algo «oculto».

52. Por supuesto, esto es una generalización. Exactamente verdadero en muchas, si no es que en todas, las escuelas, metafóricamente verdadero en todas ellas.

53. Molly Steenson, «What Is Burning Man?» (¿Qué es Burning Man?), *The Experience*, http://www.burning-

man.com/whatisburningman/about_burningman/experience.html (página visitada el 30/03/08).

54. Mientras yo estoy empleando la metáfora de la antropología cultural, mi amigo Tim Keel desarrolla astutamente la metáfora de los líderes como ambientalistas, en su excelente libro: *Intuitive Leadership* (Liderazgo intuitivo) (Baker Books, 2007). Aquí hay un breve pero genial párrafo del libro de Tim: «¿Te ves a ti mismo como un líder que está cultivando un medioambiente o como un administrador que ejecuta programas? ¿Cómo estamos cultivando la vida en nuestras comunidades? Yo creo que las iglesias necesitan líderes que sean ambientalistas. Los ambientalistas pueden ayudar a dar forma a ecologías relacionales y espirituales que generen vida como el resultado natural de un ecosistema saludable y dinámico» (p. 242).

55. ¡No es que el evangelismo deba dejar de existir! Lejos de eso. Pero los métodos y los postulados que rodean al evangelismo en el Ministerio Juvenil 1.0 ya no funcionan, en su mayoría, en la cultura juvenil de hoy. Así es que, sí, el evangelismo aún existe, pero está radicalmente remodelado por nuestros nuevos postulados, entendimientos y percepciones.

56. Similar a la nota anterior, el discipulado y la creación de un grupo de pares que sea positivo no se desechan, solo se replantean radicalmente. Y eso de un discipulado «que les calce a todos por igual», desafortunadamente (porque era más fácil, ya sea que fuera o no eficaz) necesita ser enmarcado, colgado en la pared del museo de historia de nuestro ministerio juvenil, y dejado atrás.

57. Por favor dime que leíste el libro *Vida en Comunidad* de Bonhoeffer. Si no es así, o si no lo has leído en los últimos años, entonces ¡deja este libro y vete a leerlo!

58. El blog de Scott Miller: http://www.catholicymblog.com/

59. Michael Frost y Alan Hirsch, *The Shaping of Things to Come* (La formación de las cosas por venir) (Peabody, MA: Hendrickson, 2003), xi.

60. En su excelente libro *The New Christians: Dispatches from the Emergent Frontier* (Los nuevos cristianos: expediciones desde la frontera emergente) (Jossey-Bass, 2008), Tony Jones tiene mucho que decir para completar este tema.

61. Pedí ayuda sobre estas palabras en un posteo del blog y en seguida recibí 70 de los mejores comentarios que jamás haya recibido en mi blog. Gracias en particular a los siguientes comentaristas por su aporte tan constructivo: D. Scott Miller, Chad Swanzy, Joe Troyer, Adam Lehman, Len Evans, Gordon Weir, Tammy Klassen, Jay Phillippi, Natalie Stadnick, Grahame Knox, Dustin Perkins, Sue Van Stelle, Bob Carlton, Tash McGill, Liz Graves, Tammy Harris, Mark Riddle, Robin Dugall, Daniel So, y Jodi Shay.

62. Aunque no lo tomé intencionalmente del libro de Mike King, *Presence-Centered Youth Ministry* (Ministerio juvenil centrado en la presencia), estoy seguro de que mi pensamiento fue informado por este, aunque solo sea por su título. El genial libro de Mark Yaconelli, *Contemplative Youth Ministry* (ministerio

juvenil contemplativo), (Zondervan/Youth Specialties, 2006), también trata este tema extensamente.

63. http://www.dfj.com/J, usada con permiso.

64. Recuerda, incluso las elecciones aparentemente más insignificantes, tales como qué alimentos comer, qué ropa usar, y qué música escuchar, tienen significado. Todas ellas tienen valores detrás.

65. En su excelente libro *Intuitive Leadership: Embracing a Paradigm of Narrative, Metaphor, and Chaos* (Liderazgo intuitivo: abrazando un paradigma de narrativa, metáfora, y caos) (Baker Books, 2007), Tim Keel dedica todo un tercio del libro a la idea y la práctica de la contextualización. Recomiendo altamente este libro a cualquier líder interesado en aprender más acerca de la práctica de la contextualización en un marco de trabajo postmoderno.

66. Una excepción esperanzadora para esto es si las 200 o más escuelas representadas en el la Red de Soporte Académico de Especialidades Juveniles (http://www.youthspecialties.com/academic/ysasn/), todas las cuales tienen una licenciatura o un título de ministerio juvenil, pueden realmente preparar a los estudiantes como antropólogos culturales, más que simplemente prepararlos para ejecutar programas. (Algunas de ellas hacen esto, pero no las suficientes).

67. Mark Yaconelli tiene mucho que decir sobre este proceso de discernimiento en su libro *Contemplative Youth Ministry* (Ministerio juvenil contemplativo), (Zondervan/Especialidades Juveniles, 2006).

68. El «enjambre» (*swarming* en inglés) es un raro fenómeno del siglo 21 en el cual las redes sociales se comunican un lugar y un tiempo, sin que esto pueda ser detectado por los radares de ningún esfuerzo oficial de marketing o promoción, para aparecer y hacer algo juntos. Al principio estos fueron principalmente trucos publicitarios: 100 personas aparecían frente a la municipalidad y se paraban todos mirando hacia otra dirección, o 60 personas se aparecían en una estación del metro cantando la misma canción. Se hacían por diversión o para enfatizar un punto. Pero el «enjambre» ha evolucionado hacia una forma intencional, de bajo costo, y altamente relacional, de reunir a un grupo de personas a través de las vías de relación naturales (por lo general vía mensajes de texto). Sé de una iglesia que se reúne casi exclusivamente como enjambre.

69. *Glocal* es una palabra usada por muchos para hablar sobre el cambio en la «identidad de lugar» en un contexto postmoderno. En los tiempos modernos (y, para nuestros propósitos, podríamos decir que en las dos primeras épocas de la cultura juvenil), las identidades de las personas estaban fijadas, geográficamente, en los niveles nacional e individual. Los postmodernistas hablan sobre la identidad siendo fijada, no geográficamente, en los niveles globales y locales. *Global* y *local* se combinan en la palabra *glocal:* «Soy un ciudadano del mundo y estoy enraizado en una comunidad local».

70. Chap Clark enfatiza fuertemente este punto, con amplios ejemplos e historia, en su libro *Hurt: Inside the World of Today's Teenagers* (Herido: dentro del

mundo de los adolescentes de hoy) (Baker Academic, 2004).

71. Pete Ward, un notable académico del ministerio juvenil en el Reino Unido, es conocido por decir que solo hay dos tipos de ministerios juveniles: los que miran hacia adentro y los que miran hacia afuera. Aunque creo que esto es demasiado simplista, la terminología (y los mapas mentales que provee), son útiles.

72. Martin escribe en su autobiografía, *Born Standing Up: A Comic's Life* (Scribner, 2007, p. 117), que esta fue una de las primeras «líneas» que comenzaron a sacarlo de la comedia tradicional (y, ¡magia!) hacia un estilo de humor disparatado que lo ubicó en su explosivo camino hasta presentarse en estadios frente a miles de personas.

73. Sí, algunos grupos pequeños (tanto para jóvenes como para adultos) crecieron por encima de estos estereotipos negativos. Mi desacuerdo está en que la mayoría de los grupos pequeños que verdaderamente fueron más allá de esos estereotipos, en realidad comenzaron a funcionar como iglesias en las casas (o, en el contexto del ministerio juvenil, como mini grupos juveniles).

74. Douh Paggit, en su provocativo libro *A Christianity Worth Believing* (Un cristianismo digno de creer), (Jossey-Bass, 2008), describe cómo un discipulador bien intencionado le dibujó esto en la locación de un restaurante dos semanas después de su conversión. Doug lo dobló y lo guardó en su billetera por algo así como 20 años, hasta que finalmente lo escaneó en su computadora. A Doug le pare-

ció incorrecto desde un inicio, pero al principio él trató de vivir la sugerencia del diagrama. Finalmente, Doug guardó el diagrama para recordarse a sí mismo el cambio que había ocurrido en el pasaje del modernismo a postmodernismo.

75. Muchos han hecho un mejor trabajo que el que yo he sido capaz de hacer, o que el que intentaré hacer para explicar este cambio en este pequeño espacio. Si deseas leer más, un buen punto de partida son los capítulos introductorios del libro de Dan Kimball *The Emerging Church* (La iglesia emergente) (Zondervan, 2003).

76. Para mostrar mis cartas, en caso de que no sean ya obvias, yo creo que es inútil pensar en el modernismo como malo y en el postmodernismo como bueno (o viceversa). Ambos son neutrales, en un sentido, o más exactamente, ambos tienen su lado bueno y su lado feo. El modernismo estaba equivocadamente obsesionado con la finalidad, la falsa conclusión y la confianza, la sistematización, la mecanización, y un cúmulo de otros temas problemáticos (particularmente cuando saturaban nuestra teología y nuestros valores ministeriales). El postmodernismo también tiene desafíos, por supuesto, pero creo que nos ofrece algunas oportunidades maravillosas: el no competir con la ciencia, la fe que se permite ser fe (y no algo que deba ser probado), un acercamiento dialógico más que un acercamiento combativo, el deseo de hacer preguntas difíciles y no apurarse para dar respuestas simplistas, y más.

77. Por supuesto, «Estén en el mundo, pero no sean del mundo» en realidad no es un versículo en la Biblia

(¡lo cual puede resultar una sorpresa para muchos que lo citan como si lo fuera!). Es una frase teológica representando una unión de bloques de diversos temas de las Escrituras. Algunas referencias bíblicas que hablan sobre esto son Juan 17:14: «Yo les he entregado tu palabra, y el mundo los ha odiado porque no son del mundo, como tampoco yo soy del mundo»; 2 Corintios 10:2-4: «Les ruego que cuando vaya no tenga que ser tan atrevido como me he propuesto ser con algunos que opinan que vivimos según criterios meramente humanos, pues aunque vivimos en el mundo, no libramos batallas como lo hace el mundo. Las armas con que luchamos no son del mundo, sino que tienen el poder divino para derribar fortalezas; y 1 Juan 2:15-16 «No amen al mundo ni nada de lo que hay en él. Si alguien ama al mundo, no tiene el amor del Padre. Porque nada de lo que hay en el mundo —los malos deseos del cuerpo, la codicia de los ojos y la arrogancia de la vida— proviene del Padre sino del mundo».

Sorprendentemente, este no-versículo es a menudo utilizado en discusiones sobre los males del postmodernismo, para sugerir que no deberíamos ser «del» postmodernismo, sino que deberíamos ser «del» modernismo. ¡Qué concepto más ridículo! «No ser del» se refiere a nuestra identidad como seres creados y nuestra «particularidad», colectivamente, como seres espirituales cuya principal afinidad es para el reino de Dios. Claramente, los ejemplos de Jesús y Pablo son de *compromiso con* la cultura en la cual ellos se encontraban.

78. Sí, hay veces en que necesitamos ayudar a adolescentes a entender que eso que ellos ven como positivo, como una experiencia digna de confian-

za, no es el cuadro completo y, por lo tanto, no es totalmente confiable. Por ejemplo, es probable que un chico adolescente que es sexualmente activo realmente disfrute del sexo, y naturalmente sacará como conclusión que esta experiencia (y las emociones que conlleva) son confiables y deberían seguir moldeando sus elecciones. Tenemos el rol de ayudar a ese chico a entender que la experiencia es buena, en un sentido, porque Dios nos hizo seres sexuales y nos hizo para disfrutar el sexo; pero, por supuesto, nosotros tenemos una visión más amplia que nos ayuda a entender algunas cosas que un chico adolescente no es capaz de ver en el momento: Que su experiencia sexual puede conducirle a toda clase de dolores y problemas que no son lo que Dios desea para él, en última instancia, por causa del gran amor de Dios por él.

79. ¡Alguien debería escribir un libro para líderes de la iglesia con este título! «Fruto orgánico: cultivando una comunión natural en la iglesia, libre de pesticidas y libre de crecimiento hormonalmente inducido».

80. Uso *tecnología* aquí para referirme a programas y sistemas. Ciertamente, mucho de lo que los adolescentes experimentarán en comunión, será sostenido por las tecnologías en línea de ese momento.

81. (En el original en inglés, el autor utiliza aquí la palabra *Jesus-y*). Yo amo esta «palabra» y la he venido tomando prestada de los escritos de Anne Lamott por años.

82. Bruce Olson, *Bruchko: The Astonishing True Story of a 19-Year-Old American, His Capture by the Motilo-*

ne Indians and His Adventures in Christianizing the Stone Age Tribe (Bruchko: la sorprendente historia verdadera del joven norteamericano de 19 años, su captura por parte de los Indios Motilone y sus aventuras al cristianizar la tribu de la edad de piedra) (1977; reimpr.,Lake Mary,FL: Charisma House, 2006).

83. Don Richardson, *Peace Child* (Hijo de Paz) (Seattle: YWAM, 2007).

84. Desequilibrio es el término psicológico para estar cognitivamente o emocionalmente fuera de balance cuando una experiencia o concepto nos saca de.... lo que asumimos era verdadero, y nos lleva a un lugar intermedio, antes de un nuevo entendimiento.

85. Peter Senge, C. Otto Scharmer, Joseph Jaworski, y Betty Sue Flowers, *Presence: Human Purpose and the Field of the Future (presencia: el propósito humano y el campo del futuro)*, (Cambridge, MA: Society for Organizational Learning, 2004; New York; Doubleday Business, 2008). La explicación de «la U» se encuentra en las páginas 83-92 y 219-240, con un diagrama completo en la página 225. (Nota: Los números de las páginas son de la edición del 2004).

86. Usado con permiso de Peter Senge, C. Otto Scharmer, Joseph Jaworski, y Betty Sue Flowers, *Presence: Human Purpose and the Field of the Future* (Presencia: el propósito humano y el campo del futuro) (Cambridge, MA: Society for Organizational Learning, 2004; New York; Doubleday Business, 2008). página 225.

87. Estoy construyendo este caso semificticio basado en un ministerio real de adolescentes reales de la iglesia a la cual asistía, la Journey Community Church en La Mesa, California. «Hope for the Homeless» (Esperanza para los que no tienen hogar) comenzó como un pequeño grupo de afinidad (formado por unos estudiantes de secundaria y un líder de mediana edad) que deseaba proveer una amistad consistente a las vidas de los que no tienen hogar en San Diego. Al momento de escribir esto, ellos ya habían preparado y entregado sándwiches a sus amigos por cerca de 250 viernes por la noche consecutivos... sin faltar una sola semana. Esta consistencia es lo que ha sido tan poderoso para los que no tienen hogar, y tan revolucionario para las vidas de estos adolescentes (y ahora adultos jóvenes). Ellos tienen una verdadera relación con los que no tienen hogar. Los conocen por sus nombres (y son conocidos por ellos por sus nombres). Conocen las historias los unos de los otros. Se sientan y conversan, se entretienen y escuchan. Organizan clubes de lectura y toda clase de iniciativas que afirmen la dignidad de sus amigos sin hogar. Hope for the Homeless es un maravilloso ejemplo de Ministerio Juvenil 3.0: Es comunitario y misional, fluido pero consistente. Los estudiantes que están involucrados han tenido y seguirán teniendo sus vidas y prioridades reorganizadas. Y está muy por debajo del radar, construido de boca en boca y mediante las redes sociales naturales de los adolescentes que están involucrados. Ellos no tienen un presupuesto ni una página Web del ministerio, y nunca son mencionados en el boletín de nuestra iglesia. De hecho, si no fuera porque conozco a algunos de los adolescentes involucrados, yo no estaría enterado de que este maravi-

lloso ministerio se está llevando a cabo desde de mi propia iglesia. Hope for the Hopeless es orgánico, y está llevando fruto orgánico a las vidas de los adolescentes que participan y a los amigos sin hogar a los que ellos sirven. Para ver un video de algunos de los estudiantes involucrados en este ministerio, el cual claramente ilustra las etapas de «la U» sobre la cual yo escribo en esta sección, fíjate en la sección Especialidades Juveniles de YouTube: http://www.youtube.com/watch?v=XKYpk-IKEwA (sitio visitado en abril de 2008).

88. Deuteronomio 10:14; Salmo 24:1

89. Estoy seguro de que algunos dirían que nosotros podemos ser «motivados por nuestra pasión». Y aunque no puedo estar en total desacuerdo (y esto probablemente se transforme en una cuestión de semántica), yo ya no creo más en eso. Pienso que la pasión, más que motivarnos, nos jala y nos invita.

90. Joe ha cerrado su blog, así que no hay un link activo para este posteo.

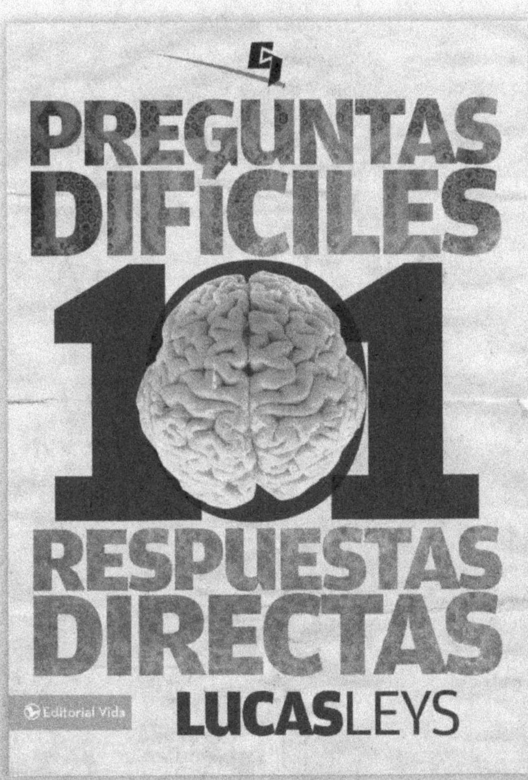

101 PREGUNTAS DIFÍCILES, 101 RESPUESTAS DIRECTAS

LUCAS LEYS

HEROES EN 3D

PAOLO LACOTA

AGORAFOBIA

JUNIOR ZAPATA

EL ROCKERO Y LA MODELO

GIOVANNY OLAYA Y VANESSA GARZÓN

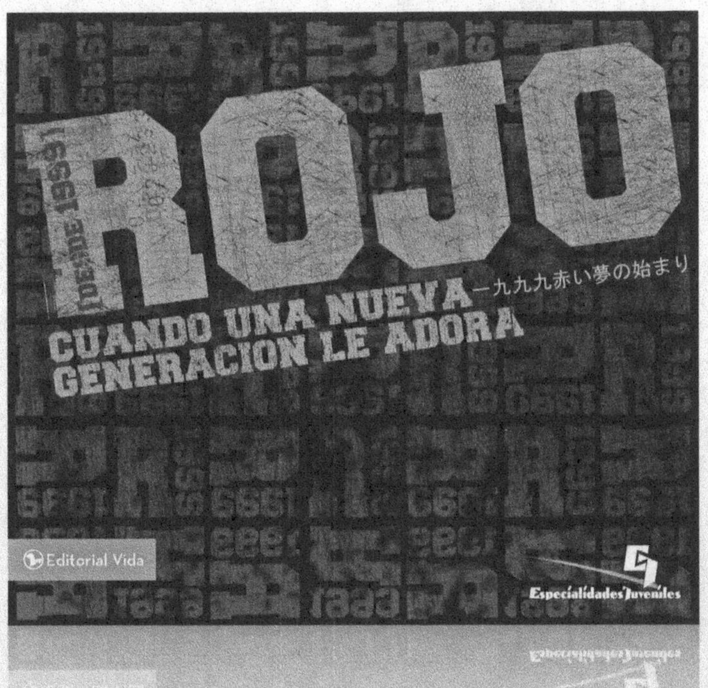

CUANDO UNA GENERACIÓN TE ADORA

ROJO

SOLO PARA ELLAS
Cuán lejos
es demasiado lejos
y otros de "esos" temas
BELLEZA
Las mejores ideas
BUSCANDO
el verdadero amor
TODO lo que siempre quisiste saber y no te atreviste a preguntar
Editora General Kristy Motta
Aline Barros * Ruth Mixer * Gloriana Montero * Valeria Leys
Ingrid Rosario * Rocío Corson * Karen Lacota * Miriam Bloise
Gloria Vázquez * Gimena Sánchez Amau * Raquel López
Editorial Vida

www.ingramcontent.com/pod-product-compliance
Lightning Source LLC
LaVergne TN
LVHW030635080426
835510LV00022B/3380

* 9 7 8 0 8 2 9 7 5 7 4 3 9 *